本研究經費由

國立臺南藝術大學文博學院

「重要特色領域人才培育計畫」

補助

U0141815

國立臺南藝術大學藝術史學系

臺南市政府文化觀光處

合作出版

序

　　做為台灣第一古都的臺南市，古建築與廟宇林立，同時也保有許多台灣早期移民拓墾的遺蹟和紀錄。民國 98 年 1 月初，臺南市水交社重劃區工程於施工中發現了許多古代墓葬及遺物，臺南市文化觀光處隨即協調國立臺南藝術大學藝術史學系，尋求協助處理水交社工程施工期間之監控及緊急搶救清理工作。為了搶救瀕危的先人遺產，國立臺南藝術大學文博學院決定將本項工作納入本年度「重要特色領域—文物詮釋、維護與分級管理人才培育計畫」主要執行項目之一，並委請藝術史學系盧泰康教授與中央研究院李匡悌教授於 98 年 2 月至 4 月初帶領本校文博學院組成的藝術史與考古團隊，開始進行墓葬記錄與搶救清理，而後又隨即展開文物登錄、整理、研究與保護等工作。如今，在本院師生同仁的辛勤投入下，繁重的室內外清理和整理工作已經告一段落，而相關遺跡和遺物的研究也已經獲致初步的成果，因此我們決定將此成果整理成書與全民一同分享。

　　本報告完整呈現台灣清代墓葬形制與相關喪葬文物，由於其內容係漢人移墾台灣地區之後的早期墓葬遺址和重要文化遺留，因此此一研究報告的完成不僅填補了台灣史文獻中庶民生活紀錄的部份空白，更進一步揭示台灣早期先民喪葬禮俗的物質文化面貌，是值得後世子孫永遠保存的珍貴歷史紀錄。本次工作內容包含水交社清代墓葬群全區遺跡現象測繪與記錄、墓葬清理發掘、出土文物整理、研究與保護等諸多面向，因此除借重藝術史學系相關領域教師的專長之外，尚須結合考古學、體質人類學以及文物保護等多種專業。工作期間，不僅本校文博學院研究生與藝術史學系大學部學生自發性積極參與，國立故宮博物院保存維護處王竹平助理研究員與南科考古工作隊邱鴻霖博士也提供了許多關鍵性的協助，而臺南市政府文化觀光處不僅給予本項工作極大的精神支持，也提供了部分出版經費補助。

最後，本項工作之得以順利執行，必須感謝教育部「重要特色領域人才培育改進計畫」經費之挹注，才能讓研究所需的人力、設備與耗材費用不虞匱乏。

董翠梅

2009.11
國立臺南藝術大學
文博學院院長

翻閱城市的土地與記憶

　　水交社重劃區墓葬群於 98 年 1 月由本府市地重劃工程單位發現後，由於其交織繁複的文化意義，備受各界關注：首先，案地位於本市開發史上面積僅次於安平地區的墓葬區域，墓塋結構與陪葬物品使我們得以勾勒明鄭至清領時期先民的生活與價值觀；其次，隨著城市的擴張與政治社會的變遷，墓葬文化層上復堆疊軍官宿舍與眷村社群，形成本市獨特的生活架構。換言之，這塊土地容納了數百年來不同層次的人類文明遺留，成為城市記憶的資料庫。各方人士對此所付出的熱情關心，反映本市作為文化古都的傲人素質；國立臺南藝術大學近一年的協助，具體呈現我國文資領域從研究到實踐的專業水準。

　　文博學院黃翠梅院長發揮院內的跨學科傳統、慷慨提供院內外學術、教學、技術與經費等各項資源，委請藝術史學系盧泰康教授偕同中研院李匡悌教授率領學生進駐案地，藉由考古學、人類學、藝術史學與文化資產學等專業，在進行工程監控與記錄的同時，從墓塋與遺骸遺物的搶救清理、測繪建檔到登錄與研究，保存維護案地珍貴的歷史遺存，更從實踐中教導青年學子對於先民有所認識與尊重。

　　本研究成果的出版，除了完整體現臺南藝術大學師生的貢獻，更期望向各界傳達文化資產保存科學的理念與方法：遺址是各類文化資產中最為脆弱者，若非專業團隊及時搶救並從深入的研究中判定其價值且對於現地或移地保存抱持正確觀念，本市的文明遺留與歷史證據將遭受不可逆轉的損失與無謂的資源浪費。尤有甚者，文化資產的保存策略本應與持續發展中的城市共存榮，在展開任何都發工程前均須取得案地評估及試掘報告的「預防性考古」制度，將是本府跨局處合作與本處未來符合國際學術專業指標的重要政策之一。

臺南市政府文化觀光處處長

發現臺南水交社前清墓葬群

盧泰康　　李匡悌

國立臺南藝術大學文博學院

藝術史學系
2009.11

目次

圖次

表次

壹、前言

　　台南市水交社重劃區工程施工單位於民國九十八年一月初，在該重劃區興中街 116 巷北側，以大型機具進行工程作業時，發現古代墓葬及遺物；遺物類型包含人骨、陶瓷等文物。此事引起各方關注，台南市政府文化觀光處遂於民國九十八年一月十四日召集專家學者進行會勘，確認上述文物為珍貴之清代古物。會勘委員認為如工程持續進行，持續挖出古文物的可能性極高，為避免不必要的人為破壞，建議市府儘速覓妥考古專業團隊協助，指導工程單位進行開挖。有鑑於此，台南市文化觀光處隨即協調國立臺南藝術大學藝術史學系之藝術史與考古團隊協助。台南市政府文化觀光處並於民國九十八年二月二十四日正式行文國立臺南藝術大學藝術史學系（發文字號：南市文資第 09818505290 號），要求協助處理水交社工程施工期間監控及初步緊急搶救考古清理。

　　國立臺南藝術大學藝術史學系之藝術史與考古團隊進駐水交社工地期間，執行工作內容包含工程發現遺跡與考古現象監控、全區遺跡現象測量與紀錄、重要遺跡現象測繪、墓葬搶救清理發掘、考古出土現象紀錄與測繪等。上述工作所需經費，經國立臺南藝術大學文博學院黃翠梅院長裁示，全數由文博學院主動撥列「重要特色領域人才培育計畫」經費共三十餘萬，以利搶救工作之執行。相關搶救工作於九十八年四月二日暫停，部份出土文物與田野紀錄移至國立臺南藝術大學藝術史學系暫時存放。後續相關文物登錄、整理與保護工作於民國九十八年七月一日開始，所有人力、耗材與設備費用，亦由國立臺南藝術大學文博學院支付。上述工作執行期間，台南市文化觀光處前處長許耿修先生及文資科科長王馨春女士曾於七月八日蒞系參觀文物整理與保護工作執行情況。至九十八年九月二十五日，由藝術史學系向台南市政府文化觀光處提交出土文物清冊，並於九十八年十一月完成相關考古出土現象與文物整理報告。

參與工作人員如下：

工作主持人：盧泰康博士（國立臺南藝術大學藝術史學系助理教授）

共同主持人：李匡悌博士（國立臺南藝術大學藝術史學系副教授、中央研究院歷

　　　　　　史語言研究所副研究員）

共同研究（人骨部份）：邱鴻霖博士（中央研究院歷史語言研究所博士後研究）

共同研究（文物保護部份）：王竹平博士（國立故宮博物院保存維護處副研究員）

系聘碩士助理：秦孝榮

碩士研究生：溫淑婷、戴志家（國立臺南藝術大學博物館學研究所）

藝術史學系大學部 95 級學生：郭聖偉、陳宥蒨、黃奕、

　　　　　　　　　　　　　　劉奕陞、堀込孔星、林妤箐、余珊

藝術史學系大學部 96 級學生：陳羿錡、廖伯豪、簡珮雯、

　　　　　　　　　　　　　　簡妙庭、黃玉芬、呂潔泥

陶瓷修復支援：溫建華（南科考古隊）

測繪支援：陳俊雄、陳彥民

雇工：郭宗寶、郭清貴、黃凱哲

貳、遺址位置

　　水交社位於臺南市南區，地勢東高西低，東側高地爲臺南台地，迤西爲櫻丘沙丘群，沙丘以西再降爲台江內海，現今已陸化。[1]水交社墓葬群發現於台南市水交社重劃區內（原臺南市南區興中里、荔宅里一帶），該區屬「變更台南市主要計畫（水交社眷村文化園區）」計畫用地，基址範圍北起健康路，東至南門路，南至大成路，西至西門路，面積約五十餘公頃。（圖 2-1 google地圖）已揭露之古代墓葬群集中出現區域，位於水交社重劃區東側之「古 24」古蹟重劃區南、北兩側（原興中里志開新村內，見圖 2-2 墓葬分佈位置圖[2]），其中以北側（原興中街 116 巷）發現數量較多，且分佈密集，東西寬約 196.6 米，南北長約 13.2 米，面積約 2595 平方米。「古 24」古蹟重劃區南側（原興中街 120 巷）保存數量較少，東西寬約 17 米，南北長約 9 米，面積約 153 平方米，墓葬群東側緊鄰桂子山（貴子山）。

　　臺南「水交社」地名之由來，一說源自於二次世界大戰日本海軍於此處興建海軍宿舍，並成立社交聯誼俱樂部，故名之。另一說爲南門城外俗稱「桶盤淺」之地，有「竹溪」蜿蜒分流成數條溝渠，名爲「五叉溝」，水流會合，閩南語發音爲「水交」二字，故有其名。[3] 水交社所在之興中里與其以西荔宅里一帶，清代位處於臺灣縣仁和里桶盤淺庄東側，以及新昌里鹽埕庄西側地區，爲臺南府城城外南郊人煙稀少之地。從清代至二十世紀初，臺南府城大南門外自魁斗山以南的沙丘地帶，以及由東北流向西南竹溪兩畔，皆是墳墓纍纍之處，該區地名諸如蛇仔穴、墓庵、師爺塚等，皆是以墳丘墓地爲名。[4]大正六、七年（1917-1918）

---

[1] 許淑娟，《臺灣地名辭書－台南市》卷 21，南投：台灣省文獻會，1996 年，頁 354。
[2] 本圖以"臺南市政府公共工程處"臺南市水交社重劃區工程（不含公道 5 部分）"現況平面測量圖（一～四），圖號 A，張號 004~007"爲藍本，加上實地測量的墓葬位置所完成。
[3] 朱戎梅主編，《水交社－懷念的眷村》，出版：朱戎梅，2008 年，頁 2-3。
[4] 石暘睢，〈台南郊外墓地考〉，《民俗臺灣（第五輯）》，臺北：武陵出版社，1995 年，頁 24-29；許淑娟，〈從地名解讀台南市的區域特色〉，《第一屆地名學術研討會論文集》，台北：內政部，2005 年，頁 120。

圖 2-1：Google 基址位置圖

圖 2-2：墓葬分佈位置圖。本圖以"臺南市政府公共工程處"臺南市水交社重劃區工程（不含公道5部分）"現況平面測量圖（一～四），圖號 A，張號 004~007"為藍本，加上實地測量的墓葬位置所完成。

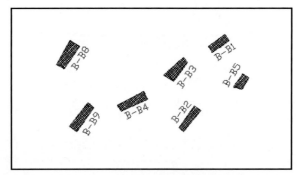

圖 2-5：墓葬分佈位置圖-B 區

日本政府開始進行墳地整理，將墳墓遷到更外圍地帶，並成立公墓。昭和年間本里墳墓也陸續遷走，並興建學校、官兵宿舍，供軍隊及其眷屬居住。[5]1945 年對日抗戰勝利後，國民政府航空委員會（空軍總部前身）派員來台辦理接收，臺南機場連同水交社一併移交空軍部隊，後者接收後成為軍方眷舍，民國五十七年興中里內眷舍更名為「志開新村」，臺南空小改為志開國民小學，以紀念空軍烈士周志開。[6]

---

[5] 許淑娟，《臺灣地名辭書－台南市》，頁 406-408。
[6] 朱戎梅主編，《水交社－懷念的眷村》。

參、文獻史料記錄

　　依據二十世紀初臺灣總督府臨時土地調查局測繪之《台灣堡圖》,[7]可知水交社重劃區所在位置,應在清代晚期臺灣縣仁和里桶盤淺庄西側,延伸至新昌里鹽埕庄東側地區(圖 3-1)。依《台灣堡圖》圖例說明,顯示臺南臺地西側緩坡以及竹溪兩側廣大地區分佈大量墓葬,反映清代臺南府城南門外,即今日健康路一段南北兩側、大同路以西,直至南門路、西門路、大成路一帶,是當時聚落埋置墓葬集中區之一。

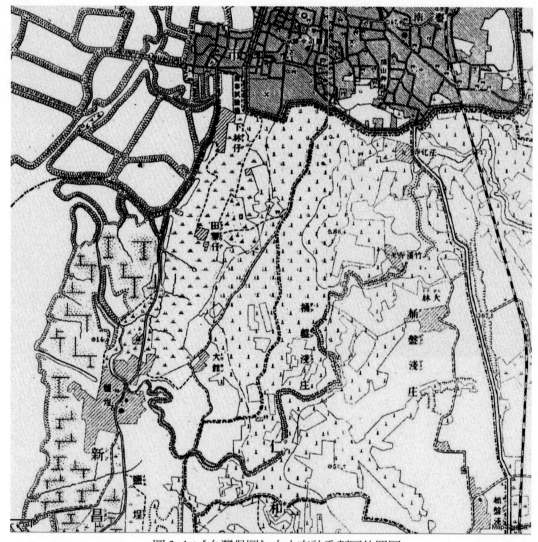

圖 3- 1:《台灣堡圖》中水交社重劃區位置圖

---

[7] 臺灣總督府臨時土地調查局,《臺灣堡圖》,臺北:遠流出版社,1996 年複印本(臺北:臺灣日日新報,1907)。

　　台南市南郊墓地出現時間甚早，可追溯至十七世紀左右，現存明墓以及陸續發現之明鄭時期墓碑頗多，根據1975年歷史學者石萬壽先生研究統計，台南市南區的桂子山區、管事園、師爺塚、蛇穴、鹽埕、鞍子山各地，共發現三十一件明代墓碑，爲全台各地數量之首，[8] 其中除一件「澄邑曾振暘墓碑」爲崇禎十五年（1642），屬明代晚期之墓外，其餘皆屬十七世紀後半明鄭時期之墓。而台南市官方現存珍貴之明末清初古物中，亦有不少爲上述大南門外古墓所出。[9] 至於文獻史料中最早提及府城南門外漢人墓葬者，亦可追溯至明鄭時代末期的1684年，江日昇《臺灣外記》稱寧靖王殉節五妃，葬于「大林（清代臺灣縣仁和里地方）」。[10] 謝金鑾、鄭兼才《續修臺灣縣志》則載：

> 五妃墓，在仁和里魁斗山。明寧靖王朱術桂妾袁氏、王氏、秀姑、梅姐、荷姐同葬此……國朝乾隆十一年……立墓道碑於大南門外。[11]

　　1955年廖漢臣〈台灣明墓雜考〉中考證，「碑今移建於廣播電台西側碑林中。（著者按：即今日置於大南門東側碑林）魁斗山在今台南市南門路，昔爲南門外公共墓地，日據時代稱桶盤淺十四番地。」[12]

　　有關「魁斗山」名稱之由來，曾有學者考證「魁斗」原應爲台南地區平埔族西拉雅語Katar，爲淺桶、腳桶、桶盤之義，該丘陵地帶原爲密林，故荷蘭人稱爲「海牙森林」，漢人稱爲「大林」。「魁斗山」爲Katar之音譯，「桶盤淺」則爲Katar之義譯。[13]

　　臺灣進入清領初期以後，府城城外南郊魁斗山已出現墓葬聚集的義塚[14]。蔣

---

[8] 石萬壽，〈記新出土的明墓碑〉，《臺灣文獻》，第26卷1期，1975年，頁37-47。

[9] 盧泰康，〈台南地區明鄭時期墓葬出土文物〉，《環台灣地區考古國際研討會暨2007年度台灣考古工作會報》，2008年；盧泰康，《府城登錄古文物研究計畫--明鄭時期文物清查與分級建議期末報告書》，執行單位：國立臺南藝術大學藝術史學系，委託單位：台南市政府文化觀光處，2009年。

[10] 依《臺灣堡圖》所繪，「大林」在仁和里桶盤淺庄，竹溪寺以南，約在今日大林路球場附近；（清）江日昇，《臺灣外記》，南投：臺灣省文獻委員會，1995年，頁434。

[11] （清）謝金鑾、鄭兼才，《續修臺灣縣志》「卷之五　外編　遺蹟」，台北：大通書局，1984年，頁335。

[12] 廖漢臣，〈台灣明墓雜考〉，《台灣文獻》，第6卷第2期，1955年，頁31-40。

[13] 楊森富，〈平埔族地名解讀及趣談－以西台灣大肚溪以南平埔族地名爲主〉，收於《「歷史中的平埔族」特展》專刊，台北：順益台灣原住民博物館，1998年，頁52。

[14] 根據台南市官方所藏明鄭碑碣編號0-733「皇明　義塚」碑，「丙辰」年所立，時間應在年（明

毓英及高拱乾所修《臺灣府志》，成書時間在十七世紀八十年代至九十年代，皆
稱「義塚在臺灣縣寧南坊之南鬼仔山。」[15]「鬼仔山」即「魁斗山」之俗稱，同
於日後所稱之「貴子山」或「桂子山」。在清代《乾隆台灣輿圖》中明確可見名
之為「魁斗山」的南北向獨立小丘，踞於大南門南側不遠處（圖 3-2）。[16]而在十
九世紀《臺灣府輿圖纂要》中則將魁斗山繪製成三峯東西向橫列之勢（圖 3-3）
。[17]

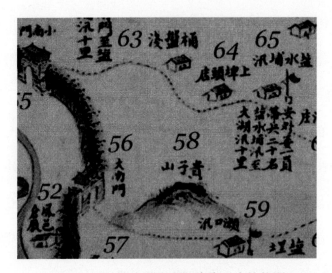

圖 3-2：《乾隆台灣輿圖》中貴子山的位置

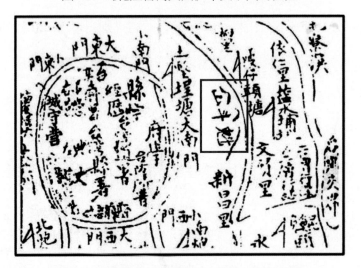

圖 3-3：《臺灣府輿圖纂要》中魁斗山的位置

鄭永曆年）。故臺南地區出現「義塚」時間，應可上溯至十七世紀後半之明鄭時期；碑文資料引
見盧泰康，《府城登錄古文物研究計畫--明鄭時期文物清查與分級建議期末報告書》，頁 42、57。

[15] （清）蔣毓英，《臺灣府志》「卷之六 廟宇 附義塚」，收於《臺灣府志三種》，北京：中華書
局，1984 年，頁 129；（清）高拱乾，《臺灣府志》「卷之二 規制志 衂政」，台北：大通書局，1984，
頁 52。

[16] 洪英聖，《畫說乾隆台灣輿圖》，台北市：聯經出版社，2002 年，頁 158。

[17] （清）未標撰人，《臺灣府輿圖纂要》「山水」，台北：大通書局，1984 年。

「魁斗山」山形走勢與數量到底如何？清代地方志書則有更多描述。成書於十八世紀後半余文儀《續修臺灣府志》稱：「魁斗山，在縣治南口里。三峰陡起，狀若三台環拱郡學；行家謂文明之光。」[18]十九世紀前半，謝金鑾、鄭兼才《續修臺灣縣志》則對魁斗山面貌有更具體的描述：

> 魁斗山，在邑城南。其脈自東南來，至正南徙起三峰，狀若三台星，為府學文廟拱案。又磻屈蜿蜒，以至西南，勢若內抱，形家所謂下砂者是也。邑來脈甚長，而所謂下砂者至此。[19]

就清人所述可知，稱為「下砂」之魁斗山並非單一砂丘，由府城東南方延伸而來，至正南方出現若干較高山丘，餘脈向西南延續甚長。此一獨特地形景觀特徵，實對映了發源於台南台地西側櫻丘沙丘群的地質面貌，沙丘全長 7 公里，最寬處為 3 公里，由多個長形的平行沙丘群構成，沙丘北部覆蓋於台南台地，地勢漸高，即俗稱「鬼仔山」一帶之沙丘地形。[20]再據昭和三年日人所繪製之臺南地形圖觀之（圖 3-4），[21]其應為具有數座孤立山丘的砂丘帶，從法華寺向南延伸，經竹溪左岸並持續向西南延續，各等高線所示孤立小丘之中，以現存海拔高度二十六點三公尺的桂子山為代表。至於距離今日桂子山（水交社東側）東北方僅六十幾公尺處的五妃墓，北臨府城大南門約二百餘米，位處海拔高度高於週邊地表約八、九公尺的沙丘之上，諸多文獻亦稱其地名為「桂子山」，則同樣反映了櫻丘沙丘帶上的突起沙丘並非單一存在之孤丘。故早期台南士人許丙丁回憶兒時所見，稱「『魁斗山』風景優美，有七個沙丘聯成一串，峯巒聳峙，林木蓊蔥鬱。」[22] 上述沙丘群持續延伸至鹽埕以南，喜樹方向尚見有「旭丘」、「櫻丘」、「夕陽丘」等地名，亦應屬之櫻丘沙丘群西南側之孤立小丘。

---

[18] （清）余文儀，《續修臺灣府志》「卷之一　封域　山水 台灣縣」，台北：大通書局，1984 年，頁 9。
[19] （清）謝金鑾、鄭兼才，《續修臺灣縣志》「卷之一　地志　山水（附勝蹟）」，台北：大通書局，1984 年，頁 19。
[20] 黃芳男，〈台南市地形變遷的證據〉，轉引自許淑娟，〈從地名解讀台南市的區域特色〉，頁 104。
[21] 大日本帝國陸地測量部、台灣總督府民政部警察本署（1938），《日治時期五萬分一臺灣地形圖新解》，台北：上河文化，2007 年，圖 105。
[22] 許丙丁，〈六十年來五妃墓道的變遷及其近代人題詩〉，《明寧靖王五妃紀念特刊》，臺南：明寧靖王五妃廟管理委員會，1967 年，頁 1-2。

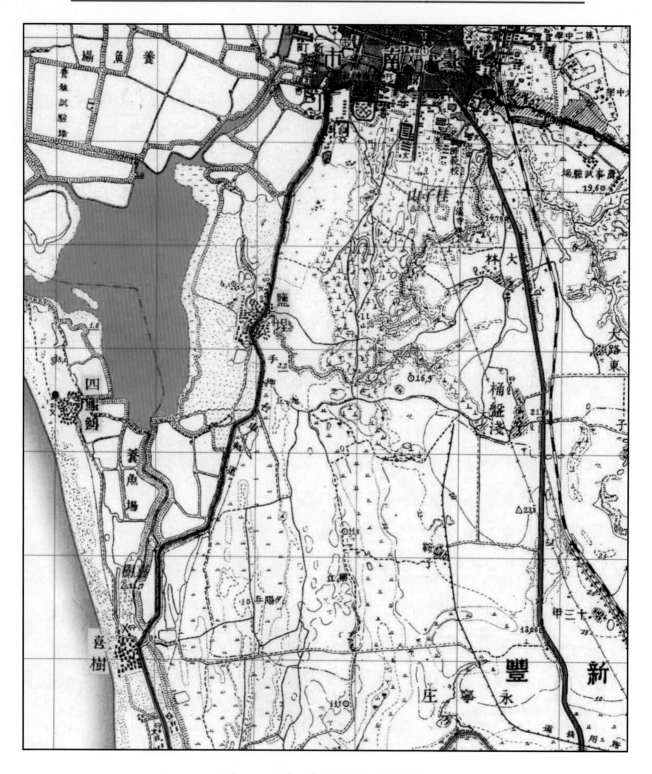

圖 3-4：昭和三年繪製的台南地形圖

12

　　「魁斗山」雖僅為數座隆起沙丘，但特殊地理景觀在府城居民眼中，不只為南郊墓地而已，清代府城郡學位於城南，時人向南瞭望「魁斗山」，視其為「三峰陡起，狀若三台環拱郡學」，「府學文廟拱案」。城南數座凸起小丘已與台灣文教發展結合，成為當時人眼中具有特定文化意涵的象徵。清乾隆時期蔣元樞所載《重修臺灣府學圖說》中，特將「魁斗峯」繪於府學正南欞星門之外（圖 3-5），並稱：

　　舊時欞星門，其制甚卑，門外蔽以重垣，山遂隱而不見，今所建欞星門，

　　較舊時移近數武，加崇五尺，門外之垣，改為花牆山形，（魁斗山勢）呈拱，

　　如在廟廷，從此文明可期日盛。[23]

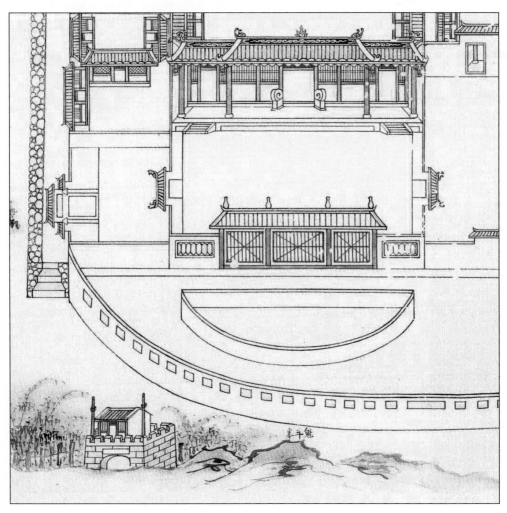

圖 3- 5：《重修臺灣府學圖說》中的「魁斗峯」

　　根據史料記載，府城南郊墓地在清領時期的二百餘年間歷經多次擴張，其拓

---

[23]（清）蔣元樞，《重修臺郡各建築圖說》，臺北：國立故宮博物院，2007 年，頁 37-38。

展方向大抵是以魁斗山為中心，依序向西、南、北、東四方延伸，形成了府城南郊佔地甚廣的墓葬區。首先是十七世紀晚期，大南門外魁斗山義塚的出現，逐漸成為府城官紳士庶喪葬之地。

　　文獻所載實例，可見儒生陳越琪與黃氏器娘合葬墓、[24]烈女袁氏順娘墓等。[25]此地不僅為臺灣縣所屬墓地，鳳山縣義塚亦設於「魁斗山後」。[26]到了十八世紀二十年代，魁斗山墓地已不敷使用，開始向西側的新昌里（鹽埕庄）擴張。文獻多稱魁斗山「歷年久遠，丘塚疊塞」，墓地擁擠的現象已經呈現「無復有間曠之土，貧而無力者，又苦於安厝之無地」的地步。故「康熙五十九年（1727）監生陳士俊，買園地數甲于鳳山之新昌里，與此山毗連，以為塚山焉。」[27]

　　十八世紀五十年代，墓區開始向南部延伸，知縣魯鼎梅於乾隆十七年（1752）在水蛙潭購置園地八分，安葬無主棺骸二百八十具，[28]「考原題里居姓名，碣石墳前，以俟識認。其無名氏者，為同歸所瘞之。」[29]上述棺骸為歷年南壇所累積，為官方各文衙、幕友、差役、跟班等客死者。[30]故水蛙潭其地，後世又有「師爺塚」之稱。[31]十八世紀六十年代，墓地則向北面擴張，稱「大南門口義塚」，為乾隆二十八年（1763）職員韓士俊捐置蘇貫所屬熟園一所，以創設之。[32]

　　到了十八世紀七十年代，墓地開始向東側之府城小南門外（仁德庄）竹溪寺延伸，稱之為「新南壇義塚」，[33]為乾隆四十二年（1777）蔣元樞因「郡南北郊及魁斗山等處皆有義塚，但閱歲既久，葬者益多，累累井椁，穿陷于道，殊為可

---

[24] （清）陳文達，《臺灣縣志》「卷之八　人物　貞烈」，南投：臺灣省文獻會，1958 年，628-629 頁；（清）劉良璧，《重修台灣府志》「卷十七　人物　貞烈」，台中：台灣省文獻委員會，1977 年，頁 490。

[25] （清）劉良璧，《重修台灣府志》，492 頁。

[26] （清）范咸，《重修臺灣府志》「卷之二　規制　義塚」，台北：大通書局，1984 年，頁 95。

[27] （清）陳文達，《臺灣縣志》「卷之二　建置　恤政」，南投：臺灣省文獻會，1958 年，頁 335-336。

[28] （清）余文儀，《續修臺灣府志》「卷之二　規制　義塚」，頁 115。

[29] （清）謝金鑾、鄭兼才，《續修臺灣縣志》「卷二　政志　義所」，頁 92。

[30] 杵淵義房（1940），《台灣社會事業史》，台北：南天出版社，1991 年，頁 116。

[31] 伊能嘉矩（1928），江慶林等譯，《臺灣文化志　中卷》，臺中：臺灣省文獻委員會，1991 年，頁 200。

[32] （清）謝金鑾、鄭兼才，《續修臺灣縣志》「卷二　政志　義所」，頁 93。

[33] 杵淵義房（1940），《台灣社會事業史》，台北：南天出版社，1991 年，頁 116。

憫。」，[34]逐率先捐俸增設義塚：

> 爰相南郊竹溪寺後，有園地一片，計八甲有奇;又有竹圍一所，亦頗寬曠，
> 均屬民人業，為立購券之。以園地為義塚，瘞旅殯之無歸暨貧不克葬者。又
> 於竹圍內另建寄櫬之舍，募僧守之……。[35]

之後乾隆五十五年（1790）臺南城垣修建所出土五百六十五具無主骨骸，皆葬於此地。[36] 在蔣氏所繪「建設南壇義塚並殯舍圖說」中，可見「五妃墓」位於畫面左側，應為北面，五妃墓右側則為南面（圖3-6），[37]畫面中「新建殯舍」下方遍佈墓塚，墓塚依其墓塋結構繁複程度不同，顯示規模大小不同，形制特徵亦有所差異（圖3-7）。

清代府城外南郊墓區的最後一次大規模擴張，時間約在十九世紀晚期，地點仍回到了魁斗山後方，為光緒十年（1884）巡撫劉銘傳命文武各官捐資購入空地設置，剩餘資金再購入田園，以充日後相關費用支付。[38]

---

[34] （清）蔣元樞，《重修臺郡各建築圖說》，頁60。
[35] （清）蔣元樞，《建設義塚殯舍碑記》，收於（清）謝金鑾、鄭兼才，《續修臺灣縣志》「卷之七 藝文(二)」，頁513-514。
[36] 杵淵義房（1940），《台灣社會事業史》，頁116。
[37] （清）蔣元樞，《重修臺郡各建築圖說》，頁59。
[38] 引同上注，頁117。

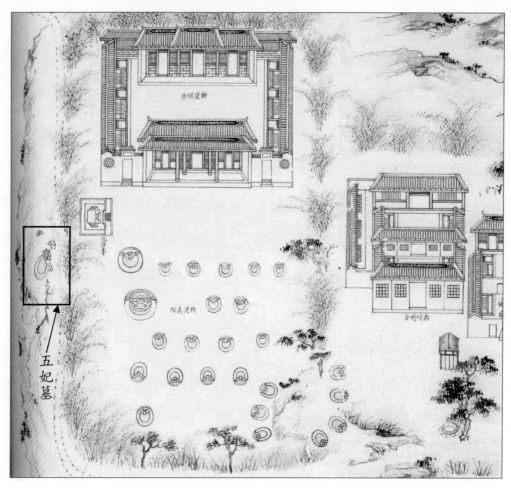

圖 3-6：「建設南壇義塚並殯舍圖說」中「義塚」與「五妃墓」的位置

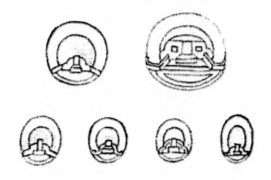

圖 3-7：在圖 3-6 中標示之規模大小不同的墓塚，形制特徵的格局差異

肆、搶救發掘與文物整理過程

　　本次國立臺南藝術大學藝術史學系所執行「台南市水交社重劃區工程發現清代墓葬群」相關搶救工作，大體分為兩個階段。第一階段為田野工作，針對水交社工程施工期間考古現象進行監控及初步緊急搶救。執行起迄時間為九十八年二月六日至四月二日止。執行工作內容包括：

一、監控水交社工程發現遺跡與考古現象：持續監測水交社重劃區內工程施工狀況，同時進行地表調查，進而確認現已發現之水交社墓葬及相關遺跡與遺物分佈位置與數量，並賦予代號與流水編號。

二、全區遺跡現象測量與紀錄：以雷射光波測距經緯儀（全站儀）測量繪製水交社重劃區內工程已發現墓葬及各類相關遺跡位置分佈圖（圖4-1）。

三、重要遺跡現象測繪：針對結構形制具有代表性之三合土外槨墓、相關墓塋結構進行現地測量繪圖（圖4-2）。

圖4-1：工作景觀—現地測繪 (1)　　　　　圖4-2：工作景觀—現地測繪 (2)

四、墓葬緊急搶救清理：以考古學方法針對已遭擾亂或遭工程毀壞，保存狀況
　　堪慮之墓葬進行清理發掘（4-3）。

五、考古出土現象記錄與測繪：針對所有出土現象進行記錄，並依照發掘記錄
　　表填寫出土標本之數量、類別及出土位置。同時針對出土現象、其所屬棺
　　槨及相關結構進行測繪（4-4）。每一座經調查確認或搶救清理發掘之墓葬，
　　另有其專屬表格記錄，藉以紀錄重要文化現象同時保存出土文物。

圖 4-3：工作景觀－墓葬清理　　　　　　　圖 4-4：工作景觀－棺槨測繪

六、評估搶救與保存方式：由於部分已發現之墓葬群的位置，部份與水交社重
　　劃區內工程重疊，故先行著手評估日後搶救與保存方式，除現地搶救清理
　　外，考古與文化資產學界常採用之遺跡與遺物「移地保存」方式亦為未來
　　可資考慮的做法之一。現地測量記錄後，移地保存之墓葬遺跡，不僅能於
　　保留墓葬內所有考古脈絡與訊息，同時能在可控制環境中進行各種文物保
　　護之必要措施。

七、擬定調查與發掘研究計畫：為釐清水交社墓葬群之分佈範圍、文化內涵及
　　其價值，同時規劃後續相關工作，依照文化資產保存法第 49 條規定：「遺
　　址之發掘，應由學者專家、學術或專業機構向主管機關提出申請，經審查
　　委員會審議，並由主管機關核定後，使得為之。」本隊伍主動擬定遺址調

查、試掘計畫、墓葬搶救清理程序與出土文物保存之規劃後，於九十八年六月二十五日向臺南市政府文化觀光處提出「台南市水交社重劃區工程發現清代墓葬群緊急搶救調查與清理服務建議書」。

第二階段為出土文物室內登錄、整理、保護與相關研究分析工作，自民國九十八年七月一日起，執行工作內容包括：

一、分類：依標本之材質及類別進行分類。各類出土遺物大體初分為陶瓷（瓷器、硬陶）、金屬（銅器、鐵器等）、人骨、其他等諸項，依序處理。

二、登錄：針對初步鑑定完成之標本依類別逐號登錄，做為日後移交及研究分析之基礎資料。

三、紀錄與研究分析：針對登錄標本進行各項屬性之判讀、測量、繪圖、照相及紀錄，同時整合相關田野紀錄與資料（圖 4-5、圖 4-6），進行描述與研究分析。

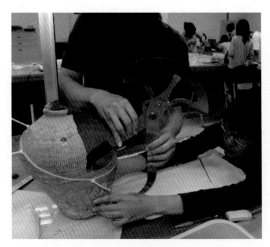

圖 4- 5：工作景觀－標本測繪與紀錄　　　圖 4- 6：工作景觀－人骨測繪與紀錄

四、出土文物清理與保護：針對出土各類遺物進行藝術史與考古學清理與復原，同時對出土後急待保存修復之文物，進行初步考古出土文物保護工作（圖 4-7、圖 4-8）。

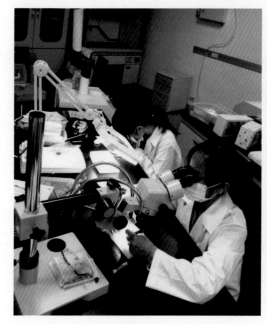 

圖4-7：工作景觀─出土遺物清理　　　　圖4-8：工作景觀─出土遺物修復

五、提交出土遺物清冊與撰寫發掘報告：依遺址發掘資格條件審查辦法第八條
　　之規定，標本登錄整理完畢後，向相關主管機關提交出土遺物清冊，數位
　　建檔相關調查與發掘紀錄，同時撰寫水交社緊急搶救與清理發掘報告。

伍、出土遺跡與現象

　　水交社所揭露之古代墓葬群，位於水交社重劃區內「古24」古蹟重劃區南、北兩側，其中以北側（原興中街116巷）發現數量較多，東西寬約196.6米，南北長約17.7米；佔地2595平方米。「古24」古蹟重劃區南側保存數量較少，東西寬約17米，南北長約9米，面積約153平方米。所發現遺跡與現象以墓葬為主，另有部份磚砌與三合土混築墓塋遺構。為便於定位測量、紀錄與統計，以水交社地名為遺址代碼（SJS），「古24」古蹟重劃區北側墓葬集中區代碼為A，「古24」古蹟重劃區南側墓葬集中區代碼為B，墓葬賦予代碼為B（包含甕棺），其它墓塋相關遺構與現象賦予代碼F。至2009年4月2日為止，本工作團隊針對上述遺跡與現象編號紀錄包括：墓葬遺跡共67處，其中A區為59處，編號從SJS-A-B1至SJS-A-B59；B區共8處，編號自SJS-B-B1至SJS-B-B8。墓塋相關遺構共4處，編號由SJS-A-F1至SJS-A-F4。墓葬與墓塋相關遺構分別描述如下：

一. 墓葬

　　水交社發現之古代墓葬，以外槨三合土澆漿木棺墓為主，相關資料蒐集共分兩類；第一類為已進行搶救清理或記錄者；第二類為未進行搶救清理發掘，僅測繪外槨形制並進行觀察記錄者。

　　(A). 已進行搶救清理或記錄者：共24座，其中A區共18座，B區共6座。墓葬資料登錄形式，分別就基本資料、墓穴、葬具、人骨、陪葬品、文化現象等、各項特徵予以說明，同時附列相關測繪與影像：

21

A區墓葬登錄資料

I、墓葬編號：SJS-A-B1

（一）、基本資料

1. 二度分帶座標：T67 167281×254242300

2. 保存概況：本座墓葬經清理記錄後，隨即遭工程單位無預警挖除。

（二）、墓穴

1. 土質：沙土　　土色：黃

2. 長軸向(墓向)：北北西－南南東

3. 尺寸：外長 219 ㎝；外寬 98.2 ㎝；內長 192.5 ㎝； 內寬 56.6 ㎝；

　　內底長 189.5 ㎝；內底寬 38.4 ㎝；深 69 ㎝。

（三）、葬具

1. 材質：外槨澆漿三合土，木質內棺。

2. 出土狀況：三合土頂部遭工程作業時損毀。墓葬三合土之棺槨左槨壁厚度

　　10 ㎝，右槨壁厚度為 30 ㎝，兩邊比例不對稱，槨前半部較後半部

　　寬。整體三合土槨為不對稱長方形狀。棺底是為一破碎灰泥層，厚

　　度約 8 ㎝，木質內棺已全朽。

3. 墊底磚尺寸：24.3×9.8×4.2 ㎝。

（四）、人骨

1. 保存狀況：人骨嚴重殘缺，保存狀況極差，僅存下殘碎脛骨片與部位

　　不明之碎骨。

2. 葬姿頭向：仰身直肢葬，頭朝向北北西（朝北偏西 32°）

3. 性別年齡：從殘存骨骼無法判斷性別，依墓穴大小推測為成人。

4. 體質特徵：不詳。

（五）、陪葬品

1. 種類(數量)：銅髮簪(3)、銅髮冠(1)、銅戒(2)、銅耳環(2)、銅錢幣(4)、白

　　瓷碗口沿(1)

2. 出土狀況：棺底西北側前檔處有一枕狀灰泥方塊，並於方塊前端出土髮
   簪、髮冠等銅製頭飾品，方塊下層出土一對墊底磚，磚塊上有銅錢
   印痕。東南側後檔處亦出土一對墊底磚，右處磚面上出土銅錢一枚。
   墓葬頭部土層中發現一對勾狀銅耳環，左右廂手部位至各出一枚銅
   戒，其中東側左廂銅戒套於指骨之上。

（六）、喪葬習俗

1. 埋葬方式：豎穴、一次葬？

2. 葬儀行為：先於底部鋪白灰後，放置棺底墊底磚，並於墊底磚之上放置銅
   錢、鐵釘，棺木安置後，澆注三合土外槨。

（七）、備註

（八）、圖像

1. 墓葬測繪圖

SJS-A-B1

1.三合土外槨
2.三合土鋪面
3.枕形三合土塊
4.墊底磚
5.銅錢
6.銅戒　7.銅髮冠

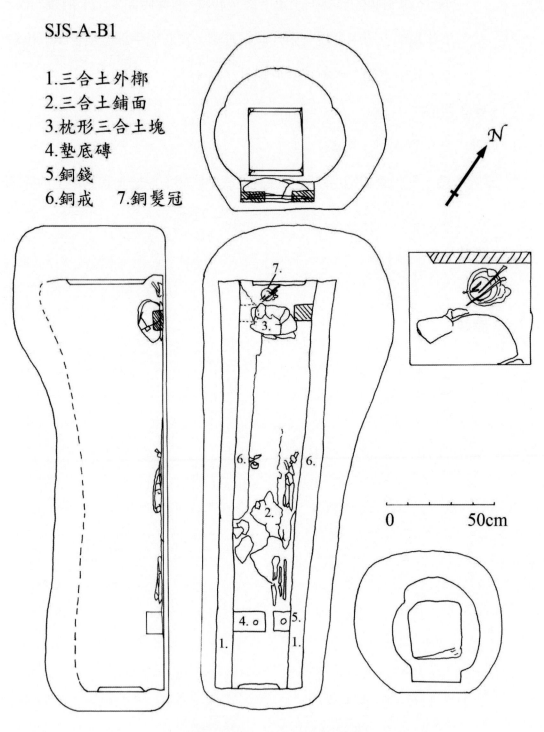

墓葬登錄-圖 1：SJS-A-B1 測繪圖

2. 影像

墓葬登錄-圖 2：SJS-A-B1 發掘至底層現象。

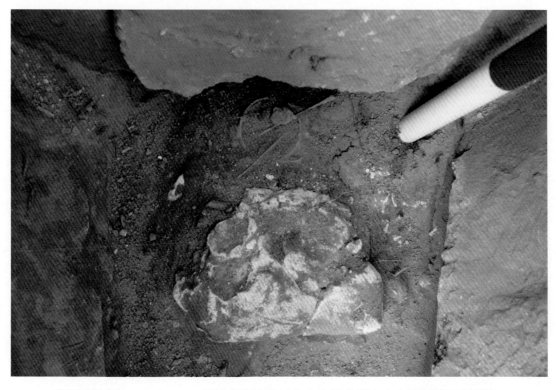

墓葬登錄-圖 3：SJS-A-B1 墓葬底部枕形三合土塊與北側出土之銅製髮冠與髮簪。

II、墓葬編號：SJS-A-B2

（一）、基本資料

   1. 二度分帶座標：T67 167238×2542306

   2. 保存概況：幾近全座擾亂。

（二）、墓穴

   1. 土質： 沙土　　土色：黃

   2. 長軸向(墓向)：東南東－西北西

（三）、葬具

   1. 材質：外槨澆漿三合土，木質內棺。

   2. 出土狀況：槨頂三合土遭挖毀，木質內棺已全朽。棺底前後墊底紅磚上方
      可見銅錢。

（四）、人骨

   1. 保存狀況：僅殘留少量頭骨、肋骨破片、指骨。

   2. 葬姿頭向：不詳，頭朝向可能為東南東（東偏南 20°）

   3. 性別年齡：從墓穴尺寸推測為成人，性別不詳。

   4. 體質特徵：不詳。

（五）、陪葬品

   1. 種類(數量)：銅墜飾(1)、銅錢(3)、青花瓷殘片(4)、硬陶殘片(2)

   2. 出土狀況：棺底前檔出銅錢一枚，後檔出銅錢二枚。

（六）、喪葬習俗

   1. 埋葬方式：豎穴、一次葬

   2. 葬儀行為：墓底鋪白灰，後置四塊墊底磚，磚上方放置銅錢與鐵釘後安置
      木棺，最後澆注三合土外槨。

（七）、備註

（八）、圖像

1. 影像

墓葬登錄-圖 4：SJS-A-B2 遭工程破壞之情形。

墓葬登錄-圖 5：SJS-A-B2 發掘至墓底見四塊墊底磚。

III、墓葬編號：SJS-A-B4

（一）、基本資料

1. 海拔高度：12.43-12.67m

2. 保存概況：半部擾亂

（二）、墓穴

1. 土質：沙土　　土色：黃

2. 長軸向(墓向)：東南東－西北西

3. 尺寸：外長 226 ㎝；外寬 76 ㎝；深 60 ㎝。

（三）、葬具

1. 材質：外槨澆漿三合土，木質內棺。

2. 出土狀況：三合土槨，槨頂 226×76 ㎝、厚 18-20 ㎝，槨頂前段有明顯圓形盜洞，盜洞直徑約 34×24 ㎝。木質內棺已幾乎全腐，棺底可見三合土鋪面，中部明顯可見腳掌踏痕，三合土壙棺口 60 ㎝深，細質砂土，土色淺黃，東側前檔下方 40 ㎝處可見大面積深褐色細砂土，夾雜細碎三合土屑，應為後代擾亂，棺槨西側後檔內可見棺木碎屑。接近墓槨西側後檔外，可見二掏痕磚並排豎置。

（四）、人骨

1. 保存狀況：棺口下方 46 - 60 ㎝處出現人骨，棺後半(西側)下肢骨稍完整，棺前半(東側)人骨殘碎稀少。

2. 葬姿頭向：仰身直肢，頭朝向東南東。（東偏南 20°）

3. 性別年齡：約 30 歲左右，女性？

4. 體質特徵：頭蓋骨壁薄，眉弓弱，前頭節結發達，四肢骨較為纖細。殘存右下顎犬齒磨耗至象牙質呈點狀蝕點。

（五）、陪葬品

1. 種類(數量)：青花瓷殘片(9)、銅戒(2)、銅錢(2)

2. 出土狀況：於墓葬周邊與盜洞口積土處發現 9 件青花殘件。兩件銅質戒指

分別出於左右廂手掌部位，棺右前墊底磚出現銅錢一枚。棺底出土銅錢一枚。

（六）、喪葬習俗

1. 葬法：豎穴、一次葬。

2. 葬儀行為：墓底三合土鋪面，後置四塊墊底磚，磚上置銅錢再安放木棺，最後澆注三合土外槨。

3. 盜洞出土青花瓷片屬二十世紀前半青花瓷，推斷應於日據時代遭致盜擾。

（七）、備註

（八）、圖像

1. 墓葬測繪圖

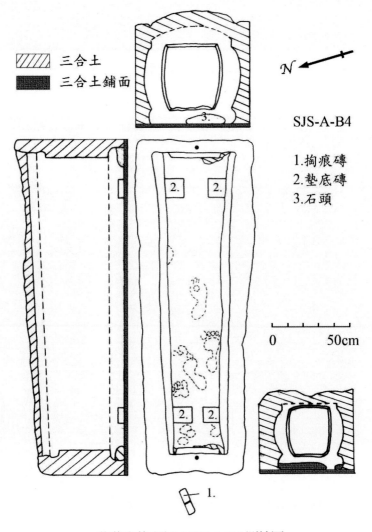

墓葬登錄-圖6：SJS-A-B4 測繪圖

2. 影像

墓葬登錄-圖 7：SJS-A-B4 發掘前覆蓋三合土槨頂狀況。

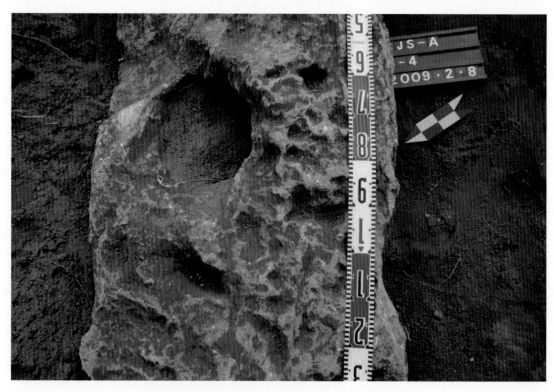

墓葬登錄-圖 8：SJS-A-B4 西側近前檔處盜洞。

墓葬登錄-圖 9：SJS-A-B4 清理至底層後，四塊墊底磚分佈位置。

墓葬登錄-圖 10：SJS-A-B4 棺底白灰層與明顯人為踩踏腳印。

IV、墓葬編號：SJS-A-B6

（一）、基本資料

1. 海拔高度：11.93-12.14m

2. 保存概況：幾近全部擾亂

（二）、墓穴

1. 土質：沙土　　土色：黃

2. 尺寸：外長 310 ㎝；外寬 115-92 ㎝。

3. 長軸向(墓向)：東南東（東偏南 5°）－西北西

（三）、葬具

1. 材質：外槨澆漿三合土，木質內棺。

2. 出土狀況：槨頂三合土已於工程作業中遭毀損，棺槨內亦有擾動痕跡，木
   質內棺已全朽。後檔可見部分磚砌墓塋結構。

3. 墊底磚尺寸：24.2×11.9×4.5 ㎝。

（四）、人骨

1. 保存狀況：僅出土少量人骨碎骨。

2. 葬姿頭向：不詳，可能為朝東。

3. 性別年齡：從墓穴尺寸推測為成人，性別不詳。

4. 體質特徵：不詳。

（五）、陪葬品

1. 種類(數量)：銅錢(3)、銅耳環(1)、墜扣(5)、青花碗口沿(2)

2. 出土狀況：近墓底灰白層之東側前檔處，發現銅耳飾、墜扣、棺釘。三合
   土外槨東側前檔處有青花瓷片附著，西側後檔可見磚砌墓塋結構。
   棺內西南深 21 ㎝處出土一碎磚，棺內中段深 41 ㎝處出土一碎磚、
   一墜扣。墊底磚上採集銅錢三件。

（六）、喪葬習俗

1. 埋葬方式：豎穴，二次葬？

2. 葬儀行為：棺底墊底磚之上放置銅錢、鐵釘，棺木安置後，澆注三合土外椁。後檔殘存墓塋結構，其墓塋尺寸長 22.5 至 23 ㎝、寬 12 ㎝，接連後檔外椁處磚砌 7 層。磚砌圍成一長方型槽狀案台。案台西面僅砌磚三層，原因不明。磚砌總層數為 10 層，下 7 層完整，上 3 層略殘。

（七）、備註

（八）、圖像

墓葬登錄-圖 14：SJS-A-B6 墓葬東側前檔出土墜扣與耳飾。

墓葬登錄-圖 15：SJS-A-B6 墓葬外槨東側前檔三合土外槨處夾一花草紋青花碗。

V、墓葬編號：SJS-A-B9

（一）、基本資料

1. 海拔高度：12.55m

2. 保存概況：半部擾亂。

（二）、墓穴

1. 土質：沙土　　　土色：黃

2. 長軸向(墓向)：東北東－西南西，東偏北 15°

3. 尺寸：長 181 ㎝；寬 59 ㎝。

（三）、葬具

1. 材質：外槨澆漿三合土，木質內棺。三合土墓槨型制與 A-B8、A-B9 差異較大。

2. 出土狀況：外槨三合土質土鬆散，南側損壞嚴重。槨底三合土鬆軟。。

3. 墊底磚尺寸：25×17.5 ㎝。

（四）、人骨

1. 保存狀況：墓穴東側、南側人骨遭嚴重擾動，頭蓋、上肢、軀幹骨極為破碎，上半身僅存局部腰椎較為完整，骨盆亦嚴重破碎。下肢股骨近端部破損其餘保存狀態尚可，兩脛骨保存狀況佳，腓骨遠端破損，脛骨遠端以下兩足部之骨骼完全佚失。兩膝之髕骨脫離原始位置。

2. 葬姿頭向：仰身直肢，頭向朝東。肱骨緊貼體側，從手掌骨出土位置集中於薦椎、恥骨一帶判斷，上肢前臂微向內屈或受捆裹壓迫而上肢向軀幹側移靠。下肢直伸、双膝併攏。頭朝向東北東（東偏北 15°）

3. 性別年齡：男性，成年個體。

4. 體質特徵：上肢骨纖細，肋骨纖細，下肢股骨粗線亦不發達，坐骨大切跡角度小，脛骨兩端線已癒合，左脛骨最大長 31.45cm。

（五）、陪葬品

1. 種類(數量)：銅錢(15)、墜扣(7)、玉質荷包束片(1)

2. 出土狀況：四顆墜扣出土於人骨右肩部與右臂側。人骨右側腰部出土玉質
荷包束片與十三枚銅錢疊置，其一枚爲西班牙卡洛斯四世錢。西側
墊底磚上出土一銅錢。

（六）、喪葬習俗

1. 埋葬方式：豎穴，一次葬。

2. 葬儀行爲：先於底部鋪白灰，後置四塊磚頭，磚頭上各疊一枚銅錢，並以
鐵釘固定，安置棺木後澆注三合土漿。

（七）、備註

（八）、圖像

1. 墓葬測繪圖

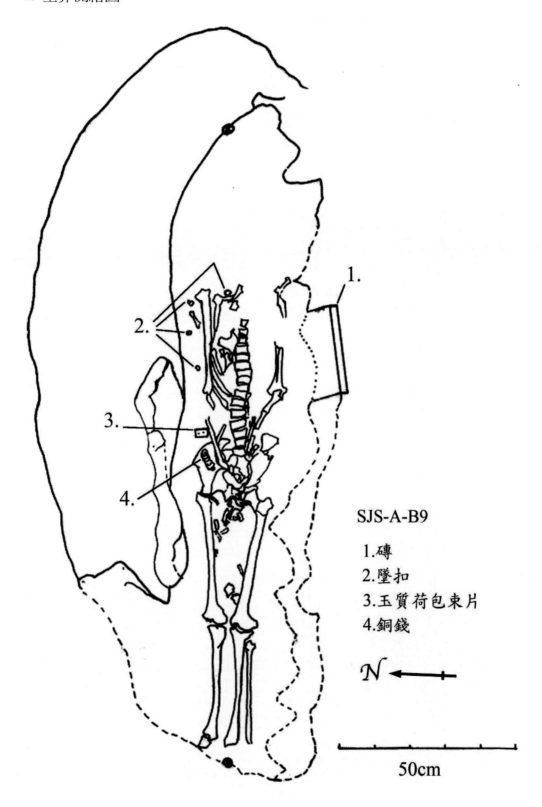

SJS-A-B9

1.磚
2.墜扣
3.玉質荷包束片
4.銅錢

N ←

50cm

墓葬登錄-圖 16：SJS-A-B9 測繪圖

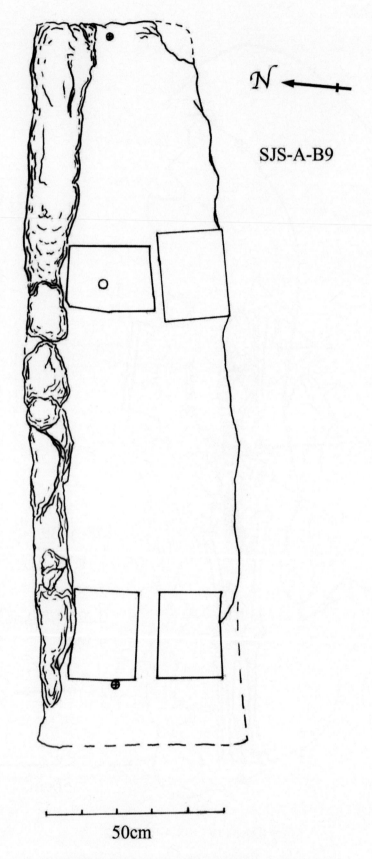

SJS-A-B9

50cm

墓葬登錄-圖 17：SJS-A-B9 測繪圖（人骨清除後）

2. 影像

墓葬登錄-圖 18：SJS-A-B9 發掘至人骨層狀況。

墓葬登錄-圖 19：SJS-A-B9 人骨右側腰部骨盆上發現成串銅錢與玉質荷包束片

VI、墓葬編號：SJS-A-B11

（一）、基本資料

1. 海拔高度：11m

2. 保存概況：遭工程作業破壞，幾近全部擾亂

（二）、墓穴

1. 土質：沙土　　土色：黃

2. 尺寸：外長 228 ㎝；外寬 74.5 ㎝；深 40 ㎝。

3. 長軸向(墓向)：東南東（東偏南 10°）－西北西。

（三）、葬具

1. 材質：外槨澆漿三合土，木質內棺。

2. 出土狀況：殘餘三合土頭部部份已於工程作業中毀壞。槨頂遭破壞，棺槨內遭嚴重擾亂，木質內棺已全部朽毀。

3. 墊底磚尺寸：23×10.1×4.8 ㎝；23×9.7×4.4 ㎝；23.1×8.4×4.3 ㎝。

（四）、人骨

1. 保存狀況：人骨保存狀況極差，頭蓋、軀幹、四肢骨幾乎不存，殘存左下顎骨脫離原始位置關係。

2. 葬姿頭向：依據墓穴尺寸與紅磚位置推測爲仰身直肢？具體葬姿不詳；依下顎骨與殘碎頭骨片出土位置推測頭向朝東南東。

3. 性別年齡：性別不詳，推測爲青少年個體。

4. 體質特徵：殘存下顎骨之下顎體與下顎枝纖弱，齒牙磨耗程度弱左右第一大臼齒皆未見明顯齒蝕點，第三大臼齒尚未萌出。

（五）、陪葬品

1. 種類(數量)：銅錢(3)、不明銅器殘件(1)、青花碗圈足(1)、紅胎硬陶(1)

2. 出土狀況：槨頂以下 36 ㎝處出墊底磚，東側前檔墊底磚散亂，東側偏南墊磚上方出土一銅錢，西側後檔二墊底磚上各出土一枚銅錢，後檔兩墊底磚之間有碳殘留。槨內東北角一棺釘，旁有一大型三合土塊。

　　陶瓷器於清理前墓葬周邊採集。人骨清理時，發現不明銅器殘件夾
雜於碎骨之中。

（六）、喪葬習俗

　1. 埋葬方式：豎穴、一次葬。

　2. 葬儀行為：棺底墊底磚之上放置銅錢、鐵釘，棺木安置後，澆注三合土外
　　　槨。

（七）、備註

（八）、圖像

　1. 墓葬測繪圖

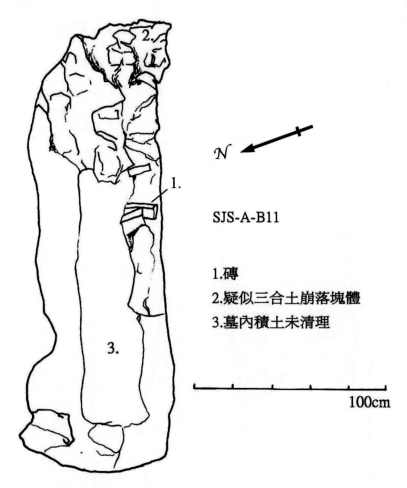

N

SJS-A-B11

1.磚
2.疑似三合土崩落塊體
3.墓內積土未清理

100cm

墓葬登錄-圖 20：SJS-A-B11 測繪圖（墓內積土清除前）

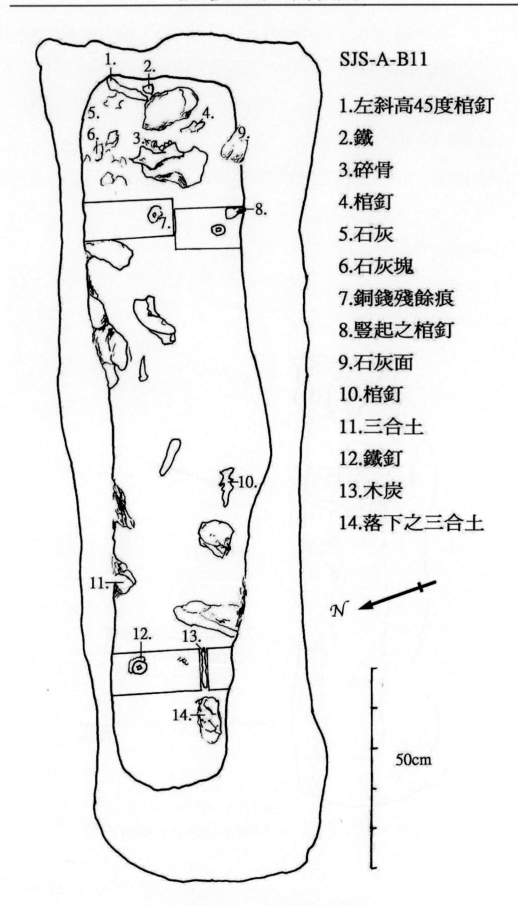

SJS-A-B11

1.左斜高45度棺釘
2.鐵
3.碎骨
4.棺釘
5.石灰
6.石灰塊
7.銅錢殘餘痕
8.豎起之棺釘
9.石灰面
10.棺釘
11.三合土
12.鐵釘
13.木炭
14.落下之三合土

N

50cm

墓葬登錄-圖21：SJS-A-B11 測繪圖

2. 影像

墓葬登錄-圖22：SJS-A-B11 發掘前狀況。

墓葬登錄-圖23：SJS-A-B11 清理至底層現象。

VII、墓葬編號：SJS-A-B13

（一）、基本資料

1. 海拔高度：10.74-11.14m

2. 保存概況：接近完整

（二）、墓穴

1. 土質：沙土　　土色：黃

2. 尺寸：外長 210 ㎝；外寬 87 ㎝。

3. 長軸向(墓向)：東南東－西北西

（三）、葬具

1. 材質：外槨澆漿三合土，木質內棺。

2. 出土狀況：殘餘槨頂三合土部份已於工程中毀壞。棺槨內稍有擾亂，木質內棺已全部朽毀。

（四）、人骨

1. 保存狀況：人骨整體保存狀況不佳，腐蝕狀況嚴重，但人骨骨架輪廓仍可辨認。顏面骨幾乎不存，左右側頭鱗缺損，軀幹、四肢骨亦腐朽不完整，右上肢幾乎未存，左肱骨近端骨幹尚存局部，左橈尺骨腐朽嚴重，骨盆腐朽破碎尚存局部，少部分胸椎、腰椎、膝關節一帶骨骼殘存狀況較好。

2. 葬姿頭向：仰身直肢，左右上肢直伸於軀幹側，下肢直伸、兩脛腓骨，向外側轉，雙足向外側傾，頭向朝東南東方（東偏南 10°）。

3. 性別年齡：男性？小於 30 歲。

4. 體質特徵：後頭骨枕外隆突明顯，頭蓋骨壁厚，前頭骨、頭頂骨外板溶蝕海綿狀骨質外露、左上顎門齒、犬齒琺瑯質減形成，殘存四肢骨細片化。上顎右第一大臼齒破片可見磨耗程度弱，未見齲蝕點。左腓骨接近完整，測得長度 31.85cm。

（五）、陪葬品

　　1. 種類(數量)：銅錢(4)、墜扣(1)

　　2. 出土狀況：人骨左臂出一墜扣，墓中段近白灰層出乾隆銅錢一枚，墊底磚
　　　　出土銅錢三枚。

（六）、喪葬習俗

　　1. 埋葬方式：豎穴、一次葬。

　　2. 葬儀行為：棺底墊底磚之上放置銅錢、鐵釘，棺木安置後，澆注三合土外
　　　　槨。

（七）、備註

（八）、圖像

1. 墓葬測繪圖

SJS-A-B13

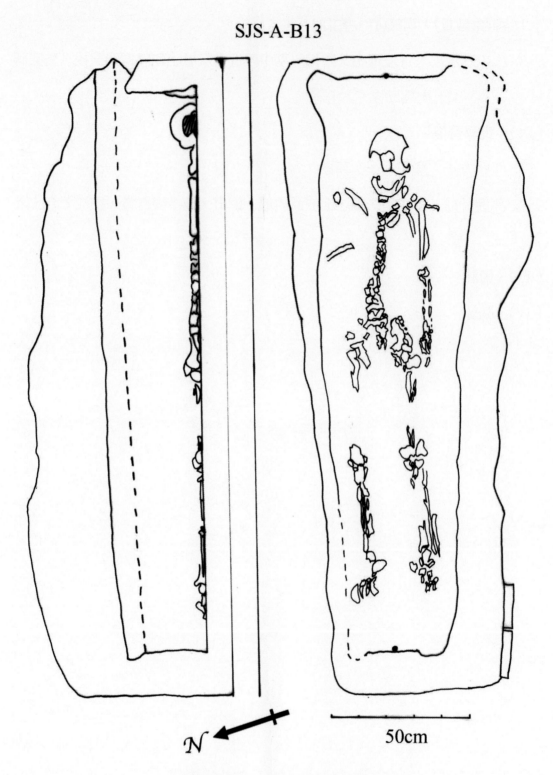

墓葬登錄-圖 24：SJS-A-B13 測繪圖

2. 影像

墓葬登錄-圖 25：SJS-A-B13 清理至人骨現象。

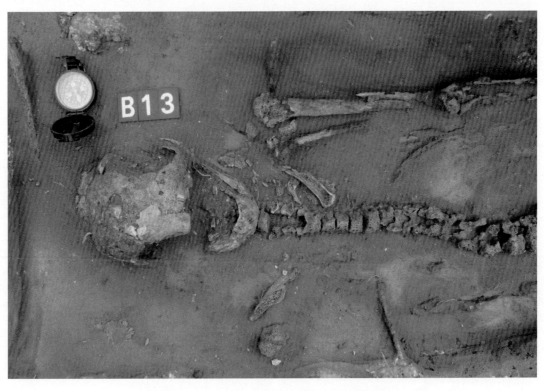

墓葬登錄-圖 26：SJS-A-B13 頭骨與脊椎骨細部。

VIII、墓葬編號：SJS-A-B15

（一）、基本資料

　　1. 海拔高度：12.12m

　　2. 保存概況：接近完整。

（二）、墓穴

　　1. 土質：沙土　　　土色：黃

　　2. 尺寸：外長 237 ㎝；內長 200 ㎝；外寬 86 ㎝；內寬 45 ㎝；高 82 ㎝。

　　3. 長軸向(墓向)：東南東－西北西

（三）、葬具

　　1. 材質：外槨澆漿三合土，木質內棺。

　　2. 出土狀況：三合土外槨後檔部份已於工程作業中毀壞坍塌，槨頂有一盜
　　　　　　　　洞。棺槨內稍有擾亂，木質內棺已全朽。墓底三合土鬆軟，塘內未
　　　　　　　　填滿積土，積土厚度僅 20-30 ㎝即至底層。

（四）、人骨

　　1. 保存狀況：棺內堆積土層下 10 公分處出土人骨。人骨保存狀況良好，右
　　　　　　　　側顏面、側頭鱗破損，左右尺骨遠端破損，左右股骨遠端部破損，
　　　　　　　　左右脛腓骨兩端部破損。

　　2. 葬姿頭向：仰身直肢。頭部微向右偏，頭部微微仰起，頷部內縮；上肢直
　　　　　　　　伸，左右肱骨內轉緊貼於體側，鎖骨受擠壓而呈東西走向，前臂微
　　　　　　　　向內屈、橈尺骨內轉掌心向後，雙掌交會於薦椎、恥骨一帶；椎骨
　　　　　　　　整體型態呈 S 狀。下肢骨直伸，足掌骨不自然向上折曲，踵骨・距
　　　　　　　　骨脫離關節狀態，應為受外力強力屈折所致。進一步觀察墓穴內殘
　　　　　　　　留葬具痕（白色石灰）與足部骨骼最西端切齊。依人骨姿態推測，
　　　　　　　　可能因墓穴、葬具過小導致死者遺骸遭受擠壓、下肢足部遭反折。
　　　　　　　　頭朝向東南東方（東偏南 25°）。

　　3. 性別年齡：男性，約 40 餘歲個體。

4. 體質特徵：眉弓發達，後頭蓋枕外隆突異常發達，呈喙狀，矢狀、人字縫合線外板閉合，人字縫合線內板閉合，乳樣突起極爲發達，前頭蓋至頭頂骨前緣內板多處 0.2-0.5cm 圓形癒合瘀孔，後頭蓋上項線一帶骨壁多孔性。下顎骨極爲粗壯，上顎門齒、側門齒劀形。肋骨末端骨質溶蝕癒合，胸椎、腰椎外緣骨贅增生嚴重，腰椎側傾嚴重，椎體側前面呈多孔性骨質溶蝕癒合（炎症癒合病徵），可能爲結核病病徵。四肢骨相較一般正常男性粗壯許多，股骨長度 46.5cm，四肢骨肌嵴發達，兩膝蓋骨外緣骨贅增生，股骨遠端脛骨近端關節外緣骨贅增生，關節面大理石紋狀磨損痕，明顯膝關節炎病徵。

（五）、陪葬品

1. 種類(數量)：銅錢(4)、青花瓷殘件(9)

2. 出土狀況：墊底磚上方出土四枚康熙通寶，槨外周邊採集九件青花瓷殘件。

（六）、喪葬習俗

1. 埋葬方式：豎穴、一次葬。

2. 葬儀行爲：棺底墊底磚之上放置銅錢鐵釘，木棺安置後，澆注三合土外槨。

（七）、備註

槨內積土呈現不規則突起及孔洞，疑爲白蟻生痕，表面可見其灰色皮殼。

（八）、圖像

1. 墓葬測繪圖

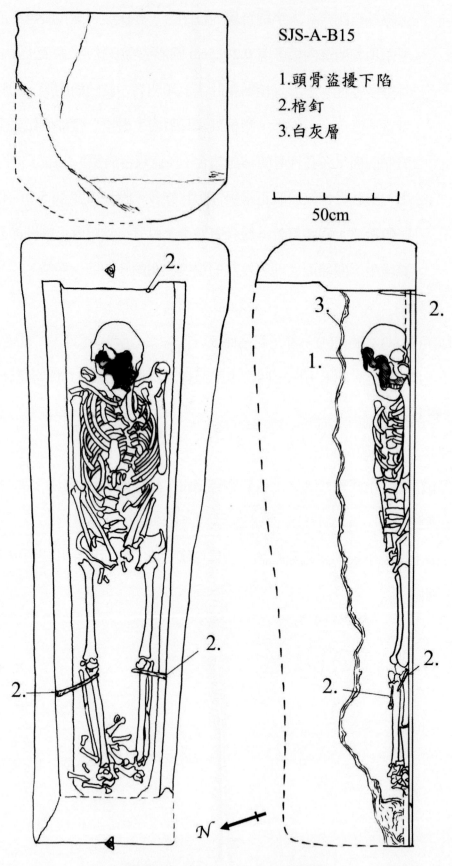

SJS-A-B15

1.頭骨盜擾下陷
2.棺釘
3.白灰層

50cm

墓葬登錄-圖 27：SJS-A-B15 測繪圖

2. 影像

墓葬登錄-圖 28：SJS-A-B15 墓葬於工程中已遭受損壞，圖中西側後檔已崩落。

墓葬登錄-圖 29：SJS-A-B15 墓葬槨內人骨保存完整，唯頭骨下顎、顏面破損。

IX、墓葬編號：SJS-A-B16

（一）、基本資料

1. 海拔高度：12.84m

2. 保存概況：全部擾亂。

（二）、墓穴

1. 土質：沙土　　土色：黃

2. 尺寸：外長 252 ㎝；外寬 118 ㎝。

3. 長軸向(墓向)：南南東（東偏南 50°）－北北西

（三）、葬具

1. 材質：外槨澆漿三合土，木質內棺。

2. 出土狀況：三合土外槨後檔部份已遭工程中毀壞擾亂嚴重。木質內棺已全
朽，墓底無白灰層。

3. 墊底磚尺寸：29.3×22.2×6.2 ㎝；28.4×21.4×5.4 ㎝。

（四）、人骨

1. 保存狀況：各部位人骨嚴重殘缺，且保存狀況極差。

2. 葬姿頭向：葬姿不詳，依東側棺槨較大特徵判斷可能為頭檔，故頭向可能
為南南東（東偏南 50°）

3. 性別年齡：從殘存骨骼無法判斷，從墓穴尺寸推測為成人，性別不詳

4. 體質特徵：不詳。

（五）、陪葬品

1. 種類(數量)：銅錢(4)、青花瓷殘件(3)、白瓷殘件(1)

2. 出土狀況：墊底磚上出土四枚銅錢，白瓷杯殘件出於槨內上層積土，槨外
周邊採集三件青花瓷殘件，槨外周邊採集一件白瓷殘件。

（六）、喪葬習俗

1. 埋葬方式：豎穴，一次葬？

2. 葬儀行為：棺底墊底磚之上放置銅錢、鐵釘，棺木安置後，澆注三合土外

槨。

（七）、備註

（八）、圖像

　1. 影像

墓葬登錄-圖 30：SJS-A-B16 墓葬後檔於發掘清理前已遭工程破壞。

墓葬登錄-圖 31：SJS-A-B16 墓葬清理至底層後，出土不同形制之墊底磚。

X、墓葬編號：SJS-A-B19

（一）、基本資料

1. 海拔高度：12.63-12.67m

2. 保存概況：接近完整。

（二）、墓穴

1. 土質：沙土　　土色：黃

2. 尺寸：外長 215 ㎝；外寬 80 ㎝；內寬 33 ㎝。

3. 長軸向(墓向)：東南東－西北西

（三）、葬具

1. 材質：外槨澆漿三合土，木質內棺。

2. 出土狀況：三合土外槨後檔部份已於工程中毀壞坍塌，木質內棺已全朽。

3. 墊底磚尺寸：24×9.5×4.8 ㎝。

（四）、人骨

1. 保存狀況：頭部之前頭蓋、顏面骨骼遭擾動幾乎未存，下顎齒列亦遭破壞。軀幹之肋骨、胸骨、胸椎腐朽嚴重保存狀況不佳，殘存之腰椎表面亦破損；肱骨近遠端部破損，左橈尺骨破碎，右橈骨佚失；骨盆之髂上及外緣一帶破損，恥骨一帶保存狀況不佳。下肢兩股骨遠端關節、脛腓骨近端一帶破損。

2. 葬姿頭向：仰身直肢，頭向朝東南東方（東偏南20°）。顏面向前（上），上肢直伸於體側，肱骨、前臂內轉，右肱骨肘頭窩朝上，手掌朝後置於股骨近端、恥骨上方一帶；椎骨整體於胸腰椎一帶錯位而呈 S 狀。下肢骨直伸，雙足併攏。上肢骨受限於墓穴空間而受擠壓明顯。

3. 性別年齡：男性，50 歲以上老年個體。

4. 體質特徵：後頭蓋隆突稍發達，乳樣突起弱，人字縫合內外板局部閉合，下顎角粗糙外翻，坐骨大切跡角度小，肱骨三角筋粗面發達，股骨粗線柱狀。殘存左下顎第二大臼齒磨耗程度高，舌側已磨耗至接近

齒頸部一帶。複數左脛骨，可能爲複體葬，但未見其他重複骨骼部位，亦可能爲擾動或發掘現場受擾而整理誤收。

（五）、陪葬品

1. 種類(數量)：銅錢(3)、扁平長條型銅器(1)、墜扣(1)、白瓷器殘件(1)

2. 出土狀況：墊底磚上出土三枚銅錢，頭骨上方出扁平長條型銅器一件，人骨右臂處出墜扣一件，白瓷殘件出於槨內上層積土。

（六）、喪葬習俗

1. 埋葬方式：豎穴，一次葬。

2. 葬儀行爲：棺底墊底磚之上放置銅錢、鐵釘，棺木安置後，澆注三合土外槨。

（七）、備註

（八）、圖像

1. 墓葬測繪圖

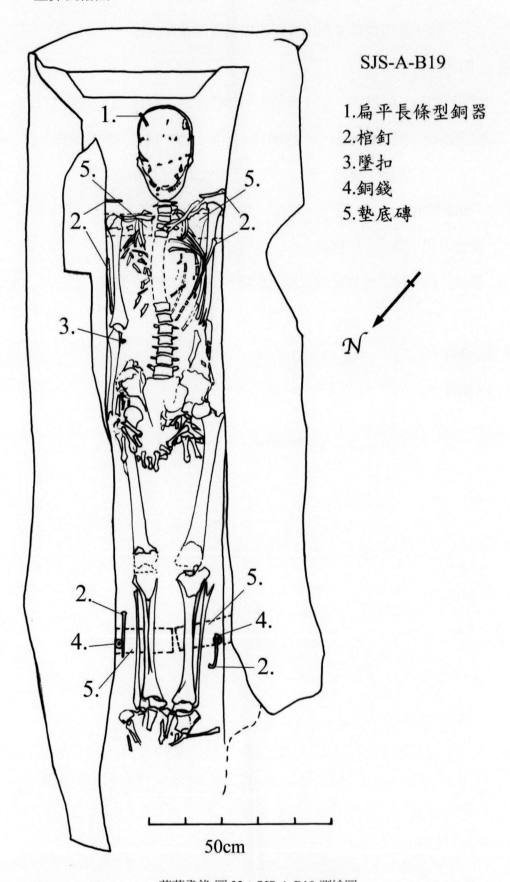

SJS-A-B19

1.扁平長條型銅器
2.棺釘
3.墜扣
4.銅錢
5.墊底磚

N

50cm

墓葬登錄-圖 32：SJS-A-B19 測繪圖

2. 影像

墓葬登錄-圖 33：SJS-A-B19 墓葬槨內人骨大致完整，唯前頭蓋、顏面與上顎缺損。

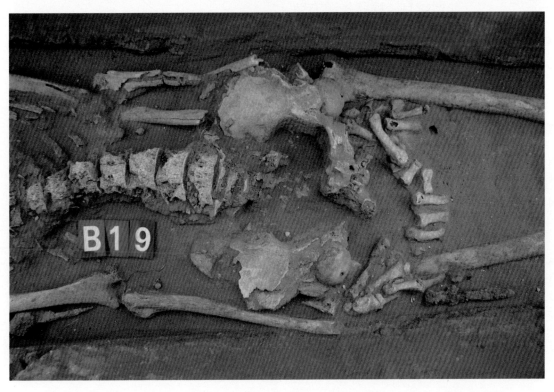

墓葬登錄-圖 34：SJS-A-B19 人骨兩側可見棺釘，雙手內側出土墜扣，椎骨呈 S 狀

XI、墓葬編號：SJS-A-B25

（一）、基本資料

1. 海拔高度：13.69m

2. 保存概況：頭骨僅存顱後半部分，下顎、胸骨嚴重塌陷成凹狀，可能遭盜擾，腳掌指骨部分皆散，應爲工程作業時破壞。

（二）、墓穴

1. 土質：沙土　　土色：黃

2. 尺寸：外長 187.5 ㎝；外寬 80 ㎝；內寬 34 ㎝；高 38-80 ㎝。

3. 長軸向(墓向)：東南東－西北西

（三）、葬具

1. 材質：外槨澆漿三合土，木質內棺。

2. 出土狀況：棺槨後槨近後檔處，以及槨頂部分遭工程毀壞，槨底鋪白灰層，前檔處有一枕狀灰泥方塊。

3. 墊底磚尺寸：20.7×10.5×4.9 ㎝。

（四）、人骨

1. 保存狀況：前頭骨與顏面骨受擾動嚴重僅存少量散落之頭骨破片與上顎骨，軀幹之肋骨保存狀況良好，腰椎保存狀況不佳，骨盆之髂上及外緣部破損，恥骨保存狀況不佳。下肢骨近遠端部保存狀況不良，骨幹亦腐朽。

2. 葬姿頭向：仰身直肢，頭向朝東南東方（東偏南 10°）。上肢骨直伸於體側，肱骨、前臂內轉，右肱骨肘頭窩朝上，左前臂微向內屈，手掌置於髖部與薦椎一帶，鎖骨朝東西走向；下肢骨直伸。上肢骨受限於空間明顯遭受擠壓。

3. 性別年齡：男性？根據下顎左右第一大臼齒磨耗程度推估死亡年齡約 40-50 歲。

4. 體質特徵：下顎角粗糙外翻，頜部突出，上顎門齒、下顎犬齒琺瑯質減形

成。肱骨三角筋粗面稍發達，胸椎外緣輕微骨贅增生，脛骨扁平性

強，比目魚肌腺發達。

（五）、陪葬品

1. 種類(數量)：銅錢(6)、墜扣(2)

2. 出土狀況：墊底磚上出土四枚銅錢，人骨右側骨盆出銅錢二枚，頭骨兩側

　　出二墜扣。

（六）、喪葬習俗

1. 埋葬方式：豎穴、一次葬。

2. 葬儀行為：棺底墊底磚之上放置銅錢、鐵釘，木棺安置後，澆注三合土外

　　槨。

（七）、備註

（八）、圖像

1. 墓葬測繪圖

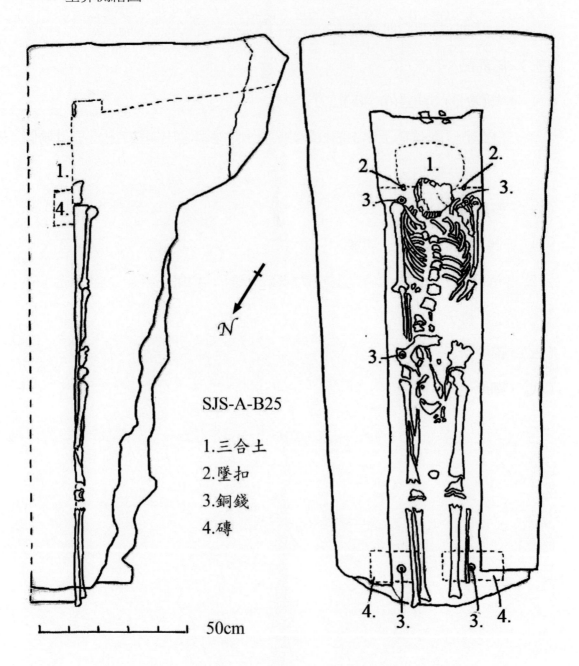

SJS-A-B25

1.三合土
2.墜扣
3.銅錢
4.磚

50cm

墓葬登錄-圖 35：SJS-A-B25 測繪圖

2. 影像

墓葬登錄-圖 36：SJS-A-B25 墓葬發掘前已遭工程作業時毀壞。

墓葬登錄-圖 37：SJS-A-B25 墓葬人骨出土狀態。

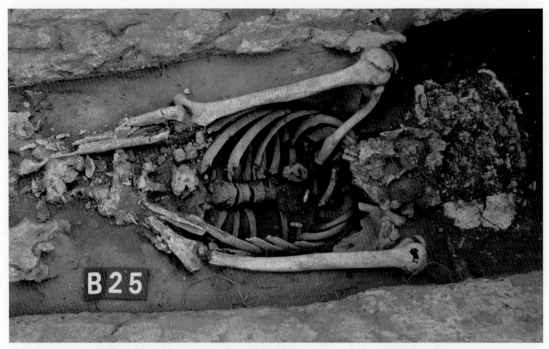

墓葬登錄-圖 38：SJS-A-B25 墓葬頭骨盆骨、腰椎一帶嚴重破損。

墓葬登錄-圖 39：SJS-A-B25 墓葬發掘至墓底白灰層。

XII、墓葬編號：SJS-A-B44

（一）、基本資料

　1. 海拔高度：12.24-12.64m

　2. 保存概況：接近全毀。

（二）、墓穴

　1. 土質： 沙土　　土色：黃

　2. 尺寸：殘長 165 ㎝；殘外寬 100 ㎝；殘內寬 50 ㎝。

　3. 長軸向(墓向)：東南東（東偏南 20°）－西北西，

（三）葬具

　1. 材質：外槨澆漿三合土，木質內棺。

　2. 出土狀況：三合土外槨，除前檔外，其餘部分皆毀壞，木質內棺已全朽。

　　　東側墊底磚之間夾一木炭。

（四）、人骨

　1. 保存狀況：擾動嚴重，僅存少數細片化碎骨。

　2. 葬姿頭向：不詳

　3. 性別年齡：不詳。

　4. 體質特徵：不詳。

（五）、陪葬品

　1. 種類(數量)：銅錢(1)

　2. 出土狀況：殘餘墊底磚上方出土一枚銅錢。

（六）、喪葬習俗

　1. 埋葬方式：豎穴，一次葬？

　2. 葬儀行為：棺底墊底磚之上放置銅錢、鐵釘，棺木安置後，澆注三合土外
　　　槨。

（七）、備註

（八）、圖像

1. 影像

墓葬登錄-圖 40：SJS-A-B44 墓葬擾動嚴重，殘餘部分僅存三分之一。

墓葬登錄-圖 41：SJS-A-B44 墓葬清理至底層東側現象

XIII、墓葬編號：SJS-A-B50

（一）、基本資料

　　1. 海拔高度：11.34-11.54m

　　2. 保存概況：接近全部擾亂。

（二）、墓穴

　　1. 土質：沙土　　　土色：黃

　　2. 尺寸：外長 224 ㎝；內長 195 ㎝；外寬 82 ㎝；內寬 50 ㎝；深 65 ㎝。

　　3. 長軸向(墓向)：　東南東（東偏南 10°）－西北西

（三）、葬具

　　1. 材質：外槨澆漿三合土。

　　2. 出土狀況：僅存三合土外槨部份結構，槨頂與南側外槨結構損毀，內棺形
　　　　　　　　制不詳，僅存棺釘。

　　3. 墊底磚尺寸：23.1×9.4×4.3 ㎝；22.5×9.2×4.4 ㎝。

（四）、人骨

　　1. 保存狀況：人骨嚴重殘缺僅存少數碎骨，且保存狀況極差。

　　2. 葬姿頭向：葬姿不詳，依出土頂戴位置，推測頭向應爲東南東方。

　　3. 性別年齡：從殘存骨骼無法判斷

　　4. 體質特徵：不詳。

（五）、陪葬品

　　1. 種類(數量)：銅錢(4)、玻璃頂戴(1)。青花瓷殘件(2)、硬陶殘件(3)。

　　2. 出土狀況：四塊墊底磚上各出一枚銅錢。東側前檔墊底磚旁出帶金屬鏤花
　　　　　　　　座白玻璃頂戴。週邊採集五件陶瓷器殘件。

（六）、喪葬習俗

　　1. 埋葬方式：豎穴。

　　2. 葬儀行爲：棺底墊底磚之上放置銅錢、鐵釘，棺木安置後，澆注三合土外
　　　　　　　　槨。

（七）、備註

（八）、圖像

   1. 墓葬圖

SJS-A-B50　　1.頂戴　　2.棺釘
　　　　　　　　3.銅錢　　4.磚

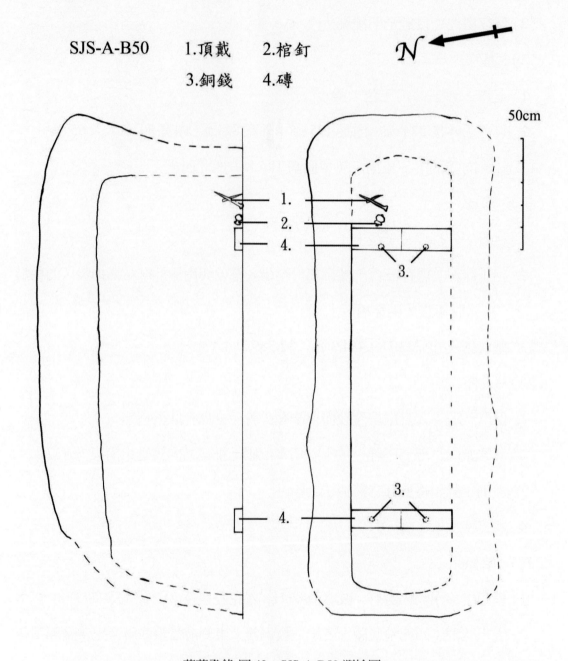

墓葬登錄-圖 42：SJS-A-B50 測繪圖

2. 影像

墓葬登錄-圖 43：SJS-A-B50 墓葬發現時已遭工程作業時破壞。

墓葬登錄-圖 44：SJS-A-B50 墓葬清理至底層狀況。

XIV、墓葬編號：SJS-A-B53

（一）、基本資料

1. 海拔高度：12.44-11.14

2. 保存概況：不明。

（二）、墓穴

1. 土質：沙土　　　土色：黃

2. 尺寸：外長：約230 cm。

3. 長軸向(墓向)：東－西向。

（三）、葬具

1. 材質：不明。

2. 出土狀況：棺槨結構不明顯。發現後遭工程作業整座毀壞。

（四）、人骨

1. 保存狀況：人骨保存狀況尚可，前頭蓋、顏面破損，下顎佚失，四肢骨保存狀較佳，但端部破損。

2. 葬姿頭向：仰身直肢，頭向朝東。

3. 性別年齡：男性，成年。

4. 體質特徵：頭骨壁厚，乳樣突起發達，後頭骨枕外隆突明顯，人字、矢狀縫合線局部內板閉合，外板開放，出現多處人字縫合小骨，顱底右側頸靜脈孔相較於左側異常擴大。下肢骨粗壯，股骨粗線柱狀，脛骨比目魚肌腺發達。

（五）、陪葬品

1. 種類(數量)：銅錢(26)、黃玻璃珠(1)。墜扣(1)、石質荷包束片(1)、圓形不明金屬片(1)。

2. 出土狀況：墊底磚上出二枚銅錢。腰右部出石質荷包束片與25枚銅錢及一枚圓形不明金屬片。右手肩部出墜扣一枚。

（六）、喪葬習俗

1. 埋葬方式：豎穴，一次葬？

2. 葬儀行為：工程破壞，未及記錄。

（七）、備註

（八）、圖像

1. 影像

墓葬登錄-圖 45：SJS-A-B53 墓葬棺槨現象不明。

墓葬登錄-圖 46：SJS-A-B53 墓葬棺槨現象不明。

XV、墓葬編號：SJS-A-B54

（一）、基本資料

1. 海拔高度：13.53-13.59m

2. 保存概況：擾亂嚴重。

（二）、墓穴

1. 土質：沙土　　土色：黃

2. 尺寸：外長 213 ㎝；殘寬 33 ㎝。

3. 長軸向(墓向)：東南東（東偏南 30°）－西北西

（三）、葬具

1. 材質：不明。

2. 出土狀況：外槨結構不明顯，墓內三合土均勻分布，墓底僅小面積見白灰。

（四）、人骨

1. 保存狀況：出土零星人骨、齒牙出土於東側與墓中部，殘存四肢骨風化嚴重呈細片化。

2. 葬姿頭向：不詳。

3. 性別年齡：性別不詳，根據左下顎第一第二大臼齒磨耗程度推估，死亡年齡約 40-50 歲成熟個體。

4. 體質特徵：上顎門齒、上下顎犬齒琺瑯質減形成。

（五）、陪葬品

1. 種類(數量)：銅錢(4)、青花瓷殘件(5)。白瓷殘件(2)、墜扣(2)、扁平長條型銅器(1)、硬陶殘件(1)。

2. 出土狀況：墊底磚上方出土三枚銅錢，一枚墓內採集。墓東側出土二枚墜扣與一扁平長條型銅器。並採集七片瓷片。墓外採集一硬陶殘片。

（六）、喪葬習俗

1. 埋葬方式：豎穴。

2. 葬儀行為：不明。

（七）、備註

（八）、圖像

   1. 墓葬平面圖

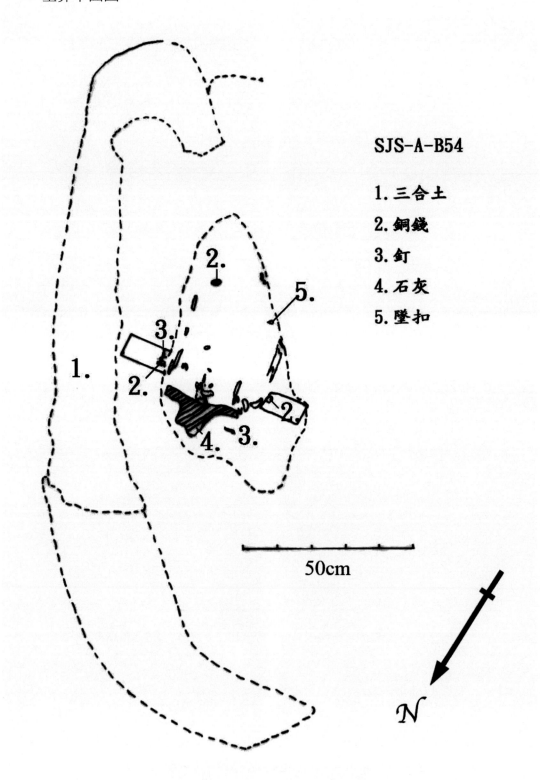

SJS-A-B54

1. 三合土
2. 銅錢
3. 釘
4. 石灰
5. 墜扣

50cm

墓葬登錄-圖 47：SJS-A-B54 測繪圖

2. 影像

墓葬登錄-圖48：SJS-A-B54 墓葬清理狀況。

墓葬登錄-圖49：SJS-A-B54 墓葬清理至底層細節狀況。

XVI、墓葬編號：SJS-A-B56

（一）、基本資料

1. 海拔高度：13.14-13.78m

2. 保存概況：半座擾毀。

（二）、墓穴

1. 土質：沙土　　土色：黃

2. 尺寸：殘長 122 ㎝；外寬 84 ㎝；內寬 38 ㎝。

3. 長軸向(墓向)：北北西－南南東。

（三）、葬具

1. 材質：外槨澆漿三合土，木質內棺。

2. 出土狀況：東南側棺後檔處遭工程作業毀壞。

3. 墊底磚尺寸：24.5×9.4×5.3 ㎝

（四）、人骨

1. 保存狀況：頭部第三頸椎以上僅存少量頭蓋骨碎片；左右肱骨僅存少量殘片，左前臂完全腐朽未存，右尺骨遠端缺損，兩肩胛骨下窩破損，軀幹殘存之肋骨與胸腰椎亦破碎。骨盆之左髖、薦椎破碎，保存狀況不佳，右髖髂部與外緣一帶破損。下肢骨僅存右股骨近端一帶，左股骨與左右脛腓、足骨受擾動完全未見。整體保存狀況不良，僅殘存約 30-40% 之骨骼。

2. 葬姿頭向：仰身直肢，頭朝向北北西方。上肢骨直伸於體側，從指骨出土於左側髖骨、薦椎一帶推測右前臂微向內屈。下肢骨直伸。

3. 性別年齡：男性，成年個體。

4. 體質特徵：枕外隆突稍發達，右股骨近端粗線發達，左側坐骨大切跡角小。

（五）、陪葬品

1. 種類(數量)：銅錢(4)、青花瓷殘件(1)。墜扣(9)

2. 出土狀況：墊底磚上方出土一枚銅錢，三枚銅錢採集於肱骨下方右側。右

手臂內側出土墜扣一枚。墓外採集一青花瓷殘片。

（六）、喪葬習俗

1. 埋葬方式：豎穴，一次葬。

2. 葬儀行為：棺底墊底磚之上放置銅錢、鐵釘，棺木安置後，澆注三合土外
   槨。

（七）、備註

1. 槨內積土鬆散，原為一完整的白蟻窩。

（八）、圖像

1. 墓葬測繪圖

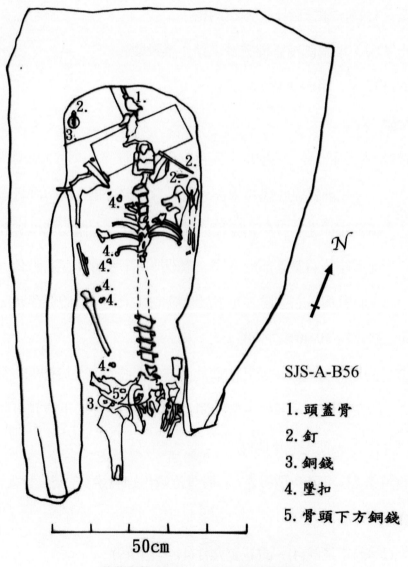

SJS-A-B56

1. 頭蓋骨
2. 釘
3. 銅錢
4. 墜扣
5. 骨頭下方銅錢

50cm

墓葬登錄-圖 50：SJS-A-B56 測繪圖

76

2. 影像

墓葬登錄-圖 51：SJS-A-B56 墓葬發現時棺槨後半已遭工程破壞。

墓葬登錄-圖 52：SJS-A-B56 墓葬清理後現象。

XVII、墓葬編號：SJS-A-B57

（一）、基本資料

1. 海拔高度：13.72-14.10m

2. 保存概況：全部擾亂。疊壓於 B59 （東南角）之上。

（二）、墓穴

1. 土質：沙土　　土色：黃

2. 尺寸：殘長 170 ㎝；外寬 66 ㎝。

3. 長軸向(墓向)：東南東－西北西。

（三）、葬具

1. 材質：外槨澆漿三合土，木質內棺。

2. 出土狀況：槨頂與後檔已毀損，墓內僅存東南側墊底磚。

3. 墊底磚尺寸：12.5×10.4×4.8 ㎝。

（四）、人骨

1. 保存狀況：未見人骨。

2. 葬姿頭向：不詳。

3. 性別年齡：不詳。

4. 體質特徵：不詳。

（五）、陪葬品

1. 種類(數量)：銅錢(2)、灰陶器蓋(1)

2. 出土狀況：墊底磚上方出土二枚銅錢，墓外採集一灰陶器蓋。

（六）、喪葬習俗

1. 埋葬方式：豎穴。

2. 葬儀行為：棺底墊底磚之上方放置銅錢、鐵釘，棺木安置後，澆注三合土外槨。

（七）、備註

（八）、圖像

1. 影像

墓葬登錄-圖 53：SJS-A-B57 墓葬疊壓於 A-B59 之上。

墓葬登錄-圖 54：SJS-A-B57 墓葬槨頂與後檔部份已損毀。

墓葬登錄-圖 55：SJS-A-B57 墓葬發掘至棺底狀況。

墓葬登錄-圖 56：SJS-A-B57 墓葬發掘至棺底墊底磚。

XVIII、墓葬編號：SJS-A-B59

（一）、基本資料

1. 海拔高度：13.73m

2. 保存概況：擾亂。疊壓於 B57 之下。

（二）、墓穴

1. 土質： 沙土　　　土色：黃

2. 尺寸：殘長 214 ㎝；外寬 74 ㎝；內寬 42 ㎝；深 46 ㎝。

3. 長軸向(墓向)：東南東（東偏南 35°）－西北西。

（三）、葬具

1. 材質：外槨澆漿三合土，木質內棺。

2. 出土狀況：槨頂與後檔已毀壞，墓內僅存東南側墊底磚。

（四）、人骨

1. 保存狀況：受嚴重擾亂，僅殘存四肢骨斷片與趾骨，骨骼已脫離原始關節
   狀態。

2. 葬姿頭向：無法判斷葬姿，從墓葬長軸可知為東南－西北走向，但頭向無
   法判斷。

3. 性別年齡：男性，成年。

4. 體質特徵：下肢骨嚴重病變，骨質海綿狀膨大增生，骨質空洞化，以左脛
   骨病變程度嚴重，左脛骨遠端幾乎已達截肢狀態，病變部位癒合；
   髖骨上緣洞狀骨溶蝕癒合，疑似梅毒(Yaws)病徵；坐骨大切跡角度
   小。

（五）、陪葬品

1. 種類(數量)：銅錢(2)、墜扣(4)、銅蓋(1)、硬陶殘片(2)

2. 出土狀況：墊底磚上出一枚銅錢，另一枚採集於墓內，4 組墜扣出於槨中
   段殘碎人骨旁，股骨上出銅質器蓋一件，槨外採集二件硬陶殘片。

（六）、喪葬習俗

　1. 埋葬方式：豎穴

　2. 葬儀行為：棺底墊底磚之上放置銅錢、鐵釘，棺木安置後，澆注三合土外
　　　　　槨。

（七）、備註

（八）、圖像

1. 墓葬測繪圖

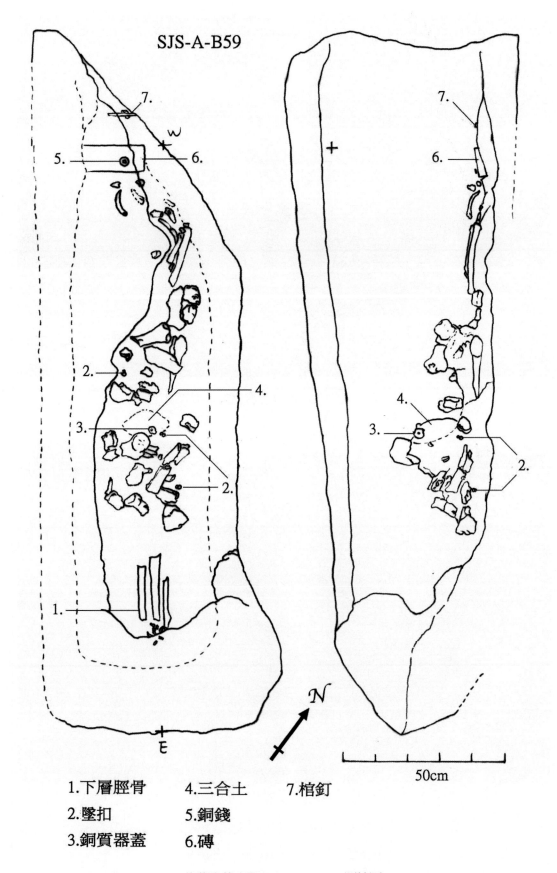

1.下層脛骨　　4.三合土　　7.棺釘
2.墜扣　　　　5.銅錢
3.銅質器蓋　　6.磚

墓葬登錄-圖 57：SJS-A-B59 測繪圖

2. 影像

墓葬登錄-圖 58：SJS-A-B59 被疊壓於 A-B57 之下。

墓葬登錄-圖 59：SJS-A-B59 墓葬側面。

墓葬登錄-圖 60：SJS-A-B59 墓葬出土現象俯視。

墓葬登錄-圖 61：SJS-A-B59 墓葬人骨中段上出土一銅質器蓋。

B區墓葬登錄資料

I、墓葬編號：SJS-B-B1

（一）、基本資料

　1. 保存概況：全毀，工程單位發現後未通報，意圖破壞。

（二）、墓穴

　1. 土質：沙土　　土色：黃

　2. 長軸向(墓向)：東南－西北向

　3. 尺寸：不明。

（三）、葬具

　1. 材質：外槨澆漿三合土。

　2. 出土狀況：全部毀損。

　3. 墊底磚尺寸：19.2×11.5×35 ㎝，20×12.2×4 ㎝

（四）、人骨

　1. 保存狀況：保存狀況極差，四肢骨破碎。

　2. 葬姿推測：不明。

　3. 性別年齡：無法判定。

　4. 體質特徵：頭頂骨破片薄，殘破四肢骨片與指骨較為纖細。

（五）、陪葬品

　1. 種類(數量)：銅錢(2)

　2. 出土狀況：殘存二塊墊底磚上方出土銅錢二枚。

（六）、喪葬習俗

　1. 埋葬方式：不詳。

　2. 葬儀行為：不詳。

（七）、備註

（八）、圖像

1. 影像

墓葬登錄-圖 62：SJS-B-B1 墓葬發現時已遭工程單位破壞。

墓葬登錄-圖 63：SJS-B-B1 墓葬殘存三合土外槨。

II、墓葬編號：SJS-B-B2

（一）、基本資料

1. 保存概況：全擾，工程單位發現後未通報，意圖破壞。

（二）、墓穴

1. 土質：沙土　　土色：黃

2. 長軸向(墓向)：東北東（北偏東 35°）－西南西。

3. 尺寸：外長 214 ㎝；內長 184 ㎝；外寬 64 ㎝；內寬 46 ㎝；殘深 45 ㎝。

（三）、葬具

1. 材質：外槨澆漿三合土，木質內棺。

2. 出土狀況：三合土槨北側右廂厚約 5 ㎝，南側左廂則厚 6-7 ㎝。棺底可見
三合土澆漿鋪面，厚度約 4 ㎝，棺底置四塊墊底磚。

3. 墊底磚尺寸：26.5×14.8×4 ㎝。

（四）、人骨

1. 保存狀況：未見人骨。

2. 葬姿頭向：不詳。

3. 性別年齡：不詳。

4. 體質特徵：不詳。

（五）、陪葬品

1. 種類(數量)：銅錢(2)

2. 出土狀況：棺底後檔二墊底磚上方出土銅錢各一枚。

（六）、喪葬習俗

1. 埋葬方式：不詳。

2. 葬儀行為：壙底先以三合土澆漿後，放置棺底墊底磚，並於墊底磚之上放
置銅錢、鐵釘，棺木安置後，再澆注四邊及頂部三合土外槨。

（七）、備註

（八）、圖像

1. 墓葬測繪圖

SJS-B-B2

1. 槨底厚度
2. 西北側邊槨底緣斜面

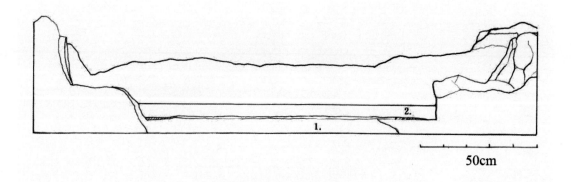

50cm

SJS-B-B2

1. 槨底三合土上表層　　三合土破損面
2. 邊槨
3. 邊槨澆注壓住墊底磚

N

墓葬登錄-圖 64：SJS-B-B2 測繪圖

2. 影像

墓葬登錄-圖 65：SJS-B-B2 墓葬發掘至底層狀況

墓葬登錄-圖 66：SJS-B-B2 墓葬後檔墊底磚上出土之二枚銅錢

III、墓葬編號：SJS-B-B3

（一）、基本資料

1. 保存概況：幾近全擾，工程單位發現後未通報，意圖破壞。

（二）、墓穴

1. 土質： 沙土　　土色：黃

2. 長軸向(墓向)：東北東－西南西。

3. 尺寸：外長：約220 ㎝。

（三）、葬具

1. 材質：外槨澆漿三合土，木質內棺。

2. 出土狀況：三合土槨頂遭工程破壞。木質內棺已全腐，棺底可見三合土澆漿鋪面，棺底置四塊墊底磚。

（四）、人骨

1. 保存狀況：僅存右下肢股骨、脛骨骨幹且腐朽破損保存狀況不佳。

2. 葬姿頭向：葬姿無法判斷，從殘存右下肢推測下肢可能為直伸狀態。從殘存下肢方位推測頭部朝向可能朝東北東方（東偏北 40°）。

3. 性別年齡：成年個體，性別不詳。

4. 體質特徵：殘存右股骨近端粗壯、粗線發達，徑寬已達成人標準。

（五）、陪葬品

1. 種類(數量)：銅錢(1)、白瓷器殘片(1)

2. 出土狀況：頭部左側角落出瓷器殘片一件，南側後檔左廂墊底磚上方出土銅錢一枚。

（六）、喪葬習俗

1. 埋葬方式：不詳。

2. 葬儀行為：壙底先以三合土澆漿後，放置棺底墊底磚，並於墊底磚之上方放置銅錢、鐵釘，棺木安置後，再澆注四邊及頂部三合土外槨。

（七）、備註

（八）、圖像

1. 墓葬簡圖

SJS-B-B3

1. 瓷器殘片
2. 白灰
3. 銅錢

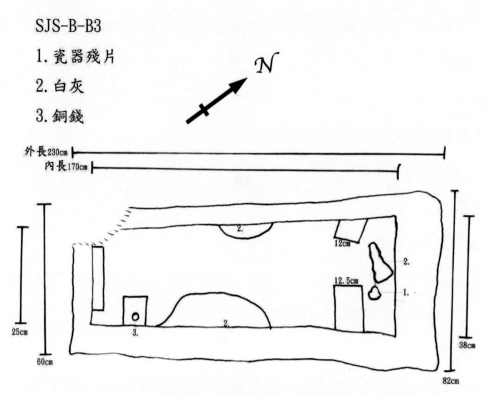

墓葬登錄-圖 67：SJS-B-B3 測繪圖

2. 影像

墓葬登錄-圖 68：SJS-B-B3 墓葬清理至底層，外槨仍可見工程破壞痕跡。

墓葬登錄-圖 69：SJS-B-B3 墓葬底部白灰層與人骨。

墓葬登錄-圖 70：SJS-B-B3 墓葬底墊底磚上方出土康熙通寶一枚。

IV、墓葬編號：SJS-B-B5

（一）、基本資料

1. 保存概況：近全擾，工程單位毀壞。

（二）、墓穴

1. 土質：沙土　　土色：黃

2. 長軸向(墓向)：北北東－南南西

3. 尺寸：殘長：160 ㎝　外寬：80 ㎝　內寬：65 ㎝　深：㎝

（三）、葬具

1. 材質：外槨澆漿三合土，木質內棺。

2. 出土狀況：三合土後檔與槨頂遭工程作業破壞，槨壁約 8-16 ㎝。棺底可見三合土鋪面，棺底前檔處置二塊墊底磚。

（四）、人骨

1. 保存狀況：頭骨幾乎不存，右上肢與指骨局部殘存，軀幹骨殘破保存狀況不佳，髖骨破碎保存狀況不佳，下肢骨殘缺嚴重。

2. 葬姿頭向：仰身直肢，頭朝向北北東（北偏東 40°）。

3. 性別年齡：成年，性別不詳。

4. 體質特徵：肱骨纖細、殘存下肢骨幹纖細，左下顎犬齒舌側面異常磨耗。

（五）、陪葬品

1. 種類(數量)：銅錢(1)、銅戒(1)

2. 出土狀況：人骨左手中指骨上出銅戒一枚，前檔左廂墊底磚上出土銅錢一枚。右手中指骨出銅戒一枚，出土時粉狀風化，無法取回。

（六）、喪葬習俗

1. 埋葬方式：一次葬。

2. 葬儀行為：壙底先以三合土澆漿後，放置棺底墊底磚，並於墊底磚上方放置銅錢、鐵釘，棺木安置後，再澆注四邊及頂部三合土外槨。

（七）、備註

（八）、圖像

1. 墓葬簡圖

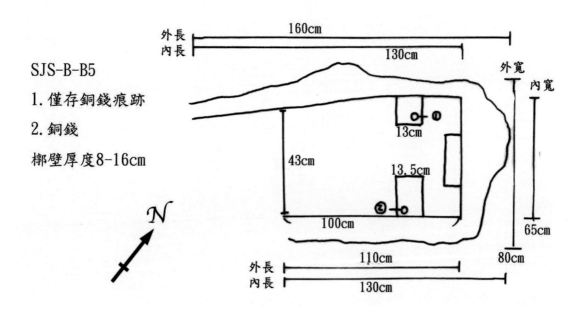

墓葬登錄-圖 71：SJS-B-B5 測繪圖

2. 影像

墓葬登錄-圖 72：SJS-B-B5 發現時外槨槨頂與後半部已毀。

95

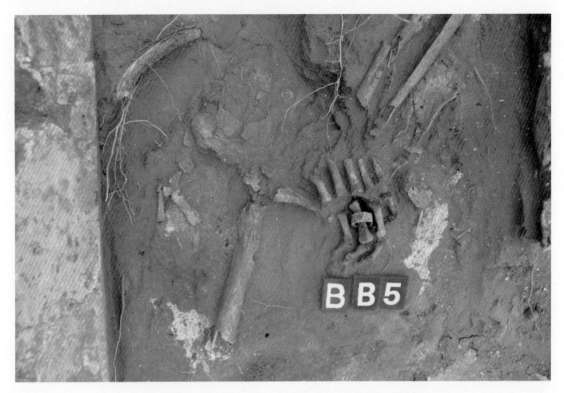

墓葬登錄-圖 73：SJS-B-B5 墓葬內人骨陪葬一銅戒。

墓葬登錄-圖 74：SJS-B-B5 墓葬底墊底磚上方出土康熙通寶一枚，另一僅存痕跡。

V、墓葬編號：SJS-B-B6

（一）、基本資料

    1. 保存概況：半部擾亂，發現後遭工程單位挖除。

（二）、墓穴

    1. 土質： 沙土　　　土色：黃

    2. 長軸向(墓向)：東北東－西南西

    3. 尺寸：殘長 160 ㎝；外寬 80 ㎝；內寬 65 ㎝。

（三）、葬具

    1. 材質：外槨澆漿三合土，木質內棺。

    2. 出土狀況：外塝東北側接近頭檔處可見盜洞。槨壁約 8.5 ㎝。棺底前檔處
        置三塊墊底磚，後檔則置二塊墊底磚。

    3. 墊底磚尺寸：24.6 ㎝×13.7 ㎝×2.6 ㎝

（四）、人骨

    1. 保存狀況：保存狀況不佳。

    2. 葬姿頭向：不詳，可能為朝東。

    3. 性別年齡：女性，應為成年個體，具體年齡無法推斷。

    4. 體質特徵：四肢骨纖細、肌嵴線不發達，坐骨大切跡角大，左右兩側前耳
        狀溝明顯。

（五）、陪葬品

    1. 種類(數量)：銅錢(24)、銅鏡(1)、銅片(2)。

    2. 出土狀況：槨底墊底磚出三枚銅錢，二枚前檔，一枚後檔。前檔胸骨處出
        銅鏡一件與銅片二件，槨內中段出土 21 枚銅錢。

（六）、喪葬習俗

    1. 埋葬方式：豎穴，一次葬。

    2. 葬儀行為：先於底部鋪白灰，後放置棺底墊底磚，並於墊底磚上方放置銅
        錢、鐵釘，棺木安置後，澆注三合土外槨。

（七）、備註

（八）、圖像

1. 墓葬前檔簡圖

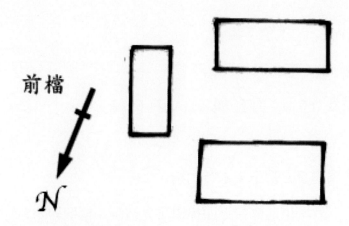

墓葬登錄-圖 75：SJS-B-B6 墓葬前檔簡圖

2. 影像

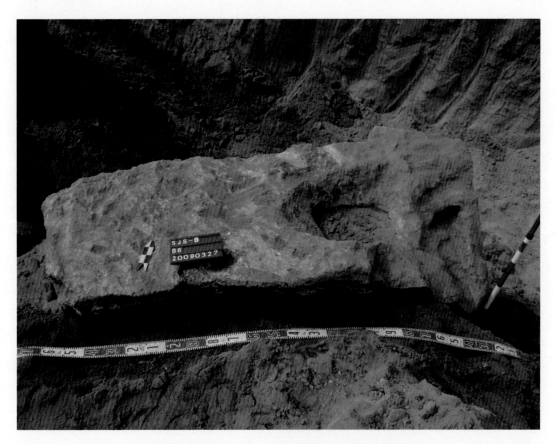

墓葬登錄-圖 76：SJS-B-B6 墓葬外槨東側受擾動。

墓葬登錄-圖 77：SJS-B-B6 墓葬出土墊底磚與銅鏡。

墓葬登錄-圖 78：SJS-B-B6 墓葬清理至底層現象。

VI、墓葬編號：SJS-B-B7

（一）、基本資料

1. 保存概況：半擾，工程單位發現後，遭部分挖除。

（二）、墓穴

1. 土質：沙土　　　土色：黃

2. 長軸向(墓向)：東北－西南向

3. 尺寸：殘長 160 ㎝；外寬 80 ㎝；內寬 65 ㎝。

（三）、葬具

1. 材質：外槨澆漿三合土，木質內棺。

2. 出土狀況：外塴東北側於工程中毀損。槨壁約 8.5 ㎝。棺底可見白灰層鋪
   面，棺底前後檔處各置二塊墊底磚。墓底白灰層鬆軟，厚度約 2.2-3
   cm。

（四）、人骨

1. 保存狀況：頭骨殘缺，四肢骨端部破損嚴重。

3. 葬姿頭向：仰身直肢，頭向朝東北方（東偏北 45°）。

5. 性別年齡：女性？成年。

4. 體質特徵：四肢骨纖細，肌嵴線不發達，左尺骨近端端線癒合。

（五）、陪葬品

1. 種類(數量)：銅錢(6)、銅戒(1)、扁平狀長條形銅片(1)。

2. 出土狀況：人骨東北側肋骨伴隨出土扁平狀長條銅片一件，東側指骨出土
   銅戒一只，墊底磚上方出土四枚銅錢，槨底出土銅錢一枚，墓葬周
   邊採集銅錢一枚。

（六）、喪葬習俗

1. 葬法：豎穴，一次葬。

2. 葬儀行為：先於底部鋪白灰，後放置棺底墊底磚，並於墊底磚之上方放置
   銅錢、鐵釘，棺木安置後，澆注三合土外槨。

（七）、備註

（八）、圖像

1. 墓葬測繪圖

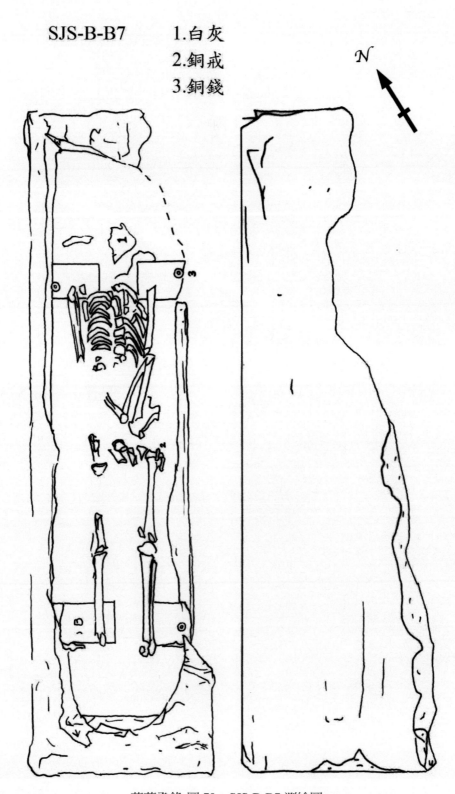

SJS-B-B7

1.白灰
2.銅戒
3.銅錢

N

墓葬登錄-圖 79：SJS-B-B7 測繪圖

2. 影像

墓葬登錄-圖 80：SJS-B-B7 墓葬外槨東側與北側遭工程破壞。

墓葬登錄-圖 81：SJS-B-B7 墓葬發掘；人骨埋置現象，畫面上方為工程單位涵管埋設工程。

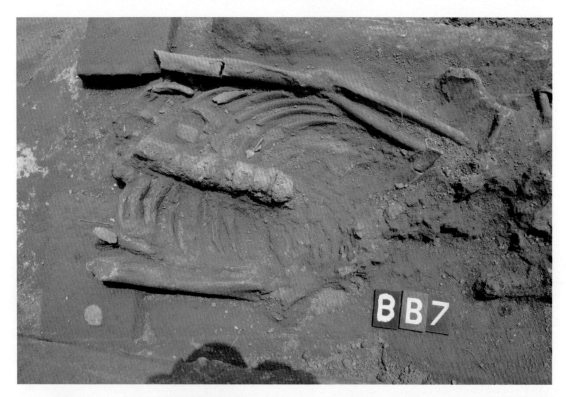

墓葬登錄-圖 82：SJS-B-B7 墓
葬出土人骨與墊底磚位置景
觀。

墓葬登錄-圖 83：SJS-B-B7 墓
葬發掘清理狀況。

墓葬登錄-圖 84：SJS-B-B7 墓葬左廂人骨伴隨出土銅戒。

墓葬登錄-圖 85：SJS-B-B7 墓葬墓底白灰層現象。

(B). 部分墓葬未進行搶救發掘，僅測繪外槨形制並進行觀察紀錄者：共 12 座，其中 A 區共 11 座，B 區共 1 座。

未搶救墓葬登錄

I、墓葬編號：SJS-A-B5

（一）、基本資料

　　1. 墓葬軸向：東南東（東偏南 20°）－西北西

　　2. 海拔高度：13.07-13.45m

　　3. 保存概況：近完整，槨頂中段有一方形人為開孔

（二）、墓穴

　　1. 土質：沙土　　　土色：黃

　　2. 尺寸：外長 228 ㎝；外寬 115-85 ㎝；深 101-71 ㎝。

（三）、葬具

　　1. 材質：澆漿三合土

　　2. 出土狀況：未清理發掘。

（四）、人骨

　　未發掘

（五）、陪葬品

　　未發掘。

（六）、文化現象

　　未發掘

（七）、備註

（八）、圖像

1. 墓葬圖

SJS-A-B5

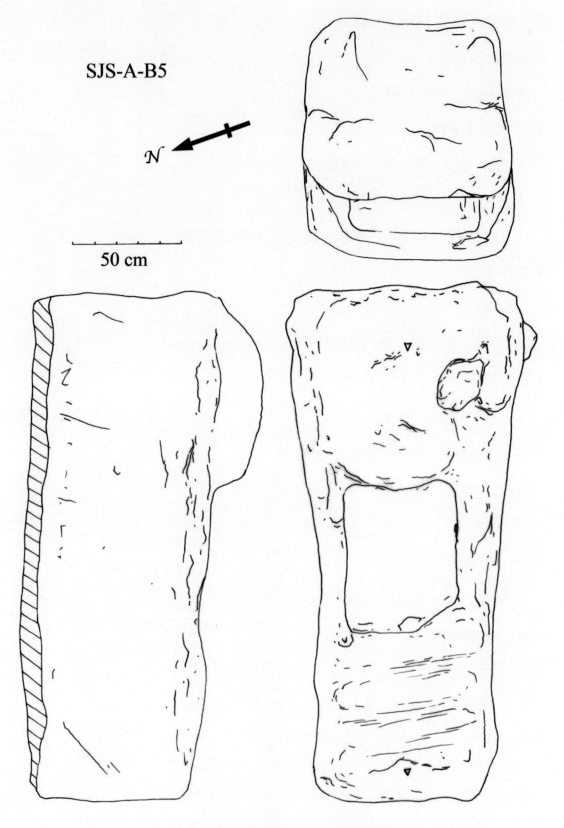

50 cm

墓葬登錄-圖 86：SJS-A-B5 測繪圖

2. 影像

墓葬登錄-圖 87：SJS-A-B5 槨頂上方人為方形開孔。

墓葬登錄-圖 88：SJS-A-B5 槨頂上方形開孔內積土未完全填滿。

II、墓葬編號：SJS-A-B7

（一）、基本資料

　　1. 墓葬軸向：東南東（東偏南 35°）－西北西

　　2. 海拔高度：12.25-12.32m

　　3. 保存概況：不明，槨頂中段偏前端有盜洞

（二）、墓穴

　　1. 土質：沙土　　　土色：黃

　　2. 尺寸：外長 273 ㎝；外寬 125 ㎝；深 80 ㎝。

（三）、葬具

　　1. 材質：澆漿三合土

　　2. 出土狀況：未清理發掘。

（四）、人骨

　　未發掘

（五）、陪葬品

　　1. 種類(數量)：雙線紋青花碗圈足(1)

　　2. 出土狀況：三合土外槨上黏附一青花圈足，槨內未清理發掘。

（六）、文化現象

（七）、備註

（八）、圖像

1. 墓葬圖

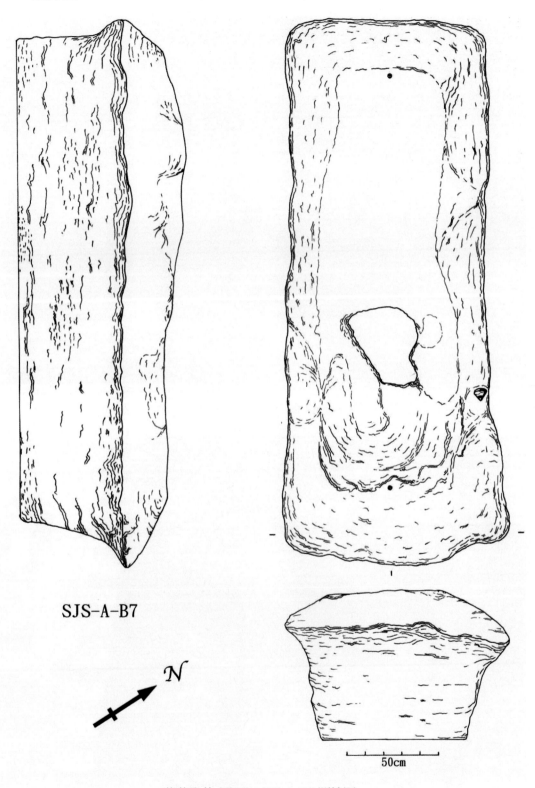

SJS-A-B7

墓葬登錄-圖 89：SJS-A-B7 測繪圖

2. 影像

墓葬登錄-圖 90：SJS-A-B7 墓葬。

墓葬登錄-圖 91：SJS-A-B7 北側槨壁上黏附青花圈足。

III、墓葬編號：SJS-A-B10

（一）、基本資料

　　1. 墓葬軸向：東北東（東偏北 5°）－西南西

　　2. 海拔高度：12.55m

　　3. 保存概況：不明，槨頂中段有盜洞。

（二）、墓穴

　　1. 土質：沙土　　土色：黃

　　2. 尺寸：外長 245 ㎝；外寬 120 ㎝；深 43 ㎝。

（三）、葬具

　　1. 材質：外槨澆漿三合土，四壁可見磚砌痕跡，北壁爲五層疊砌，上四層平
　　　　砌，底層錯縫丁順砌，可知本外槨爲木棺下壙後，外圍以磚砌圍攏
　　　　後澆漿三合土形成外槨。

　　2. 出土狀況：未清理發掘。

　　3. 墊底磚尺寸：不明。

（四）、人骨

　　未發掘

（五）、陪葬品

　　未發掘

（六）、文化現象

（七）、備註

（八）、圖像

1. 墓葬圖

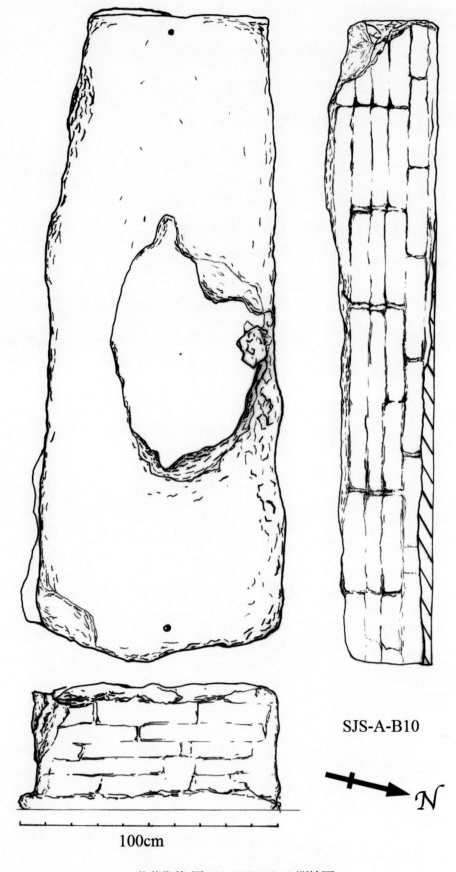

SJS-A-B10

100cm

墓葬登錄-圖 92：SJS-A-B10 測繪圖

2. 影像

墓葬登錄-圖 93：SJS-A-B10 由西向東景觀照。

墓葬登錄-圖 94：SJS-A-B10 由東向西景觀照。

IV、墓葬編號：SJS-A-B12

（一）、基本資料

（二）、墓穴

　　1. 土質：沙土　　土色：黃

（三）、葬具

　　1. 材質：甕棺，圓柱狀，頂部有圓形三合土蓋板，側壁以碎磚三合土混砌。

　　2. 出土狀況：未清理發掘。

　　3. 墊底磚尺寸：不明。

（四）、人骨

　　1. 保存狀況：不明。

　　2. 出土說明：不明。

　　3. 葬姿推測：不明。

　　4. 葬法：二次撿骨。

（五）、陪葬品

　　未發掘

（六）、文化現象

（七）、備註

（八）、圖像

1. 影像

墓葬登錄-圖 95：SJS-A-B12 俯視。

墓葬登錄-圖 96：SJS-A-B12 側視。

V、墓葬編號：SJS-A-B14

（一）、基本資料

  1. 墓葬軸向：東南東（東偏南 25°）－西南西

  2. 海拔高度：13.71-13.76m

  3. 保存概況：三合土槨頂前段至中段有盜洞。

（二）、墓穴

  1. 土質：沙土　　土色：黃

  2. 尺寸：外長 250 ㎝；外寬 70 ㎝。

（三）、葬具

  1. 材質：外槨澆漿三合土

  2. 出土狀況：未清理發掘。

  3. 墊底磚尺寸：

（四）、人骨

  未發掘

（五）、陪葬品

  1. 種類(數量)：青花器壁殘片(1)、白瓷圈足殘片(1)

  2. 出土狀況：瓷器殘片採集於槨外周邊，槨內未清理發掘。

（六）、文化現象

（七）、備註

（八）、圖像

1. 墓葬圖

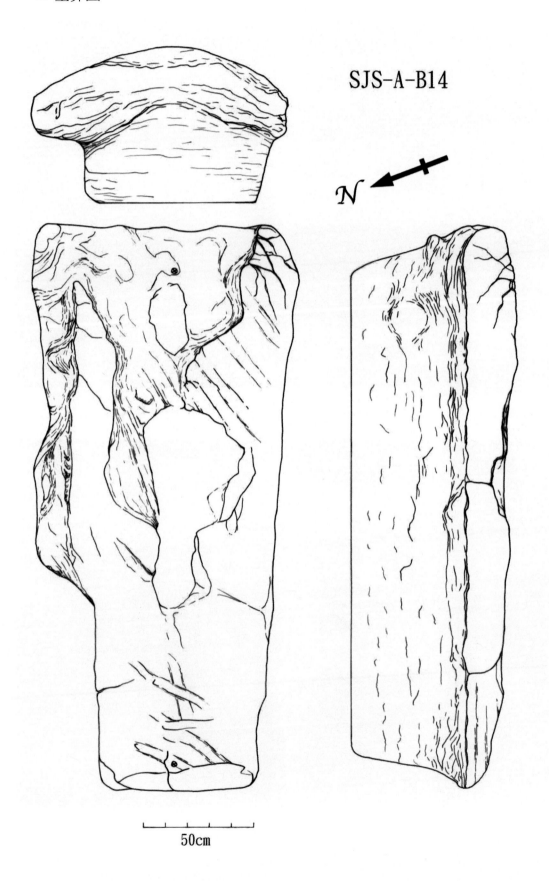

SJS-A-B14

N

50cm

墓葬登錄-圖 97：SJS-A-B14 測繪圖

2. 影像

墓葬登錄-圖 98：SJS-A-B14 完整之三合土外槨。

墓葬登錄-圖 99：SJS-A-B14 槨頂盜洞。

VI、墓葬編號：SJS-A-B17

（一）、基本資料

    1. 墓葬軸向：東南東（東偏南 30°）－西北西

    2. 海拔高度：13.30-13.41m

    3. 保存概況：三合土外槨完整。

（二）、墓穴

    1. 土質：沙土　　土色：黃

    2. 尺寸：外長：220 ㎝、外寬：62-88 ㎝。

（三）、葬具

    1. 材質：外槨澆漿三合土。

    2. 出土狀況：未清理發掘。

    3. 墊底磚尺寸：不明。

（四）、人骨

    未發掘。

（五）、陪葬品

    未發掘。

（六）、文化現象

（七）、備註

（八）、圖像

1. 墓葬圖

SJS-A-B17

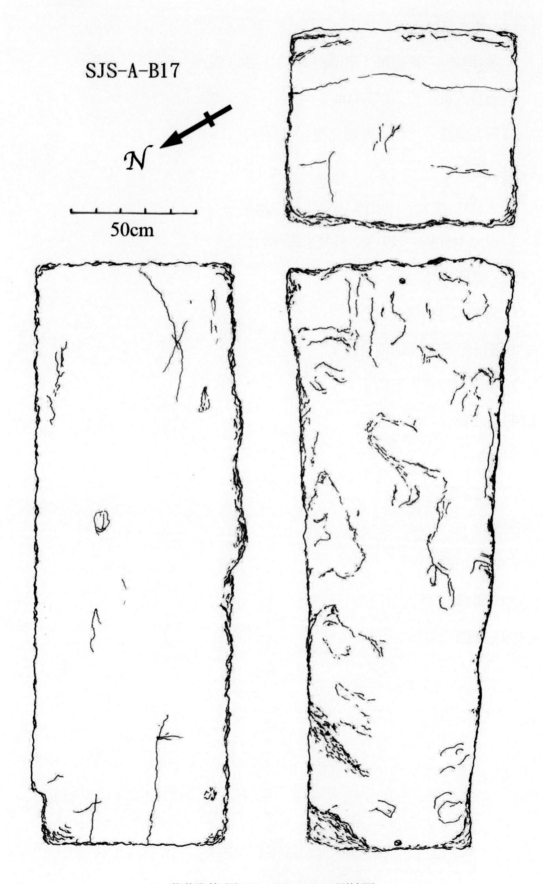

50cm

墓葬登錄-圖 100：SJS-A-B17 測繪圖

2. 影像

墓葬登錄-圖 101：SJS-A-B17 墓葬南側

墓葬登錄-圖 102：SJS-A-B17 墓葬槨頂觀測照。

VII、墓葬編號：SJS-A-B20

（一）、基本資料

1. 墓葬軸向：東南東（東偏南 25°）－西北西

2. 海拔高度：12.69-12.72m

3. 保存概況：三合土外槨槨頂毀損嚴重。

（二）、墓穴

1. 土質：沙土　　土色：黃

2. 尺寸：外長 232.5 ㎝；外寬 101.5 ㎝；深 62 ㎝。

（三）、葬具

1. 材質：外槨澆漿三合土

2. 出土狀況：未清理發掘。

3. 墊底磚尺寸：不明。

（四）、人骨

未發掘

（五）、陪葬品

1. 種類(數量)：青花瓷殘件(9)、硬陶器殘件(1)。

2. 出土狀況：緊鄰墓葬西北側有一帶釉硬陶罐(編號 WV-0001)，並於外槨周邊採集青花瓷殘件九件，不明功能硬陶器物殘件一件。

（六）、文化現象

（七）、備註

（八）、圖像

1. 墓葬圖

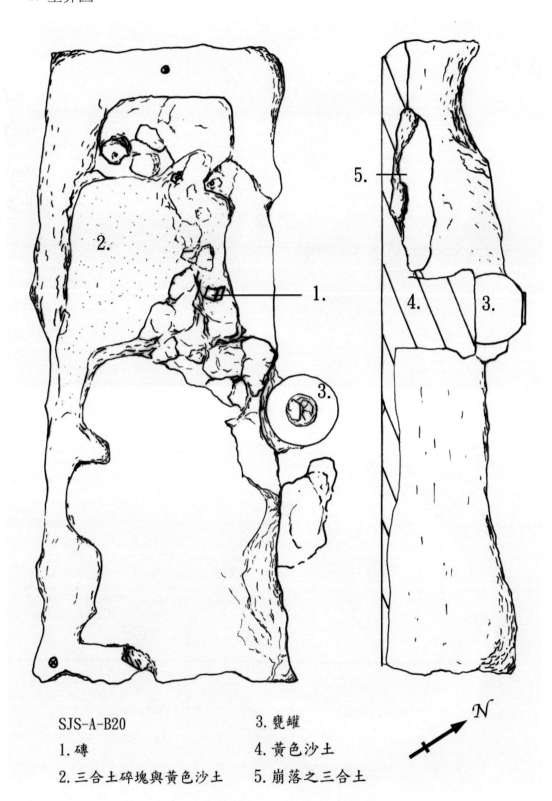

SJS-A-B20

1. 磚

2. 三合土碎塊與黃色沙土

3. 甕罐

4. 黃色沙土

5. 崩落之三合土

墓葬登錄-圖 103：SJS-A-B20 測繪圖

2. 影像

墓葬登錄-圖 104：SJS-A-B20 墓葬北側同時出土一直立帶釉陶罐(編號 WV-0001)。

墓葬登錄-圖 105：緊臨 SJS-A-B20 墓葬北側之帶釉硬陶罐(編號 WV-0001)細部。

VIII、墓葬編號：SJS-A-B21

（一）、基本資料

　　1. 墓葬軸向：南南東（東偏南 55°）－北北西

　　2. 保存概況：三合土外槨大致完整。

（二）、墓穴

　　1. 土質： 沙土　　　土色：黃

　　2. 尺寸：外長 226 ㎝；外寬 90 ㎝。

（三）、葬具

　　1. 材質：外槨澆漿三合土

　　2. 出土狀況：未清理發掘。

　　3. 墊底磚尺寸：不明。

（四）、人骨

　　未發掘

（五）、陪葬品

　　1. 種類(數量)：無。

　　2. 出土狀況：未清理發掘，周邊亦無採集。

（六）、文化現象

（七）、備註

　　三合土外槨槨頂帶二磚，後檔朝南向彎曲 90°，略成勾狀，應為澆注三合土

　　時溢出而成，並延伸後檔尾端唯一磚砌結構。

（八）、圖像

1. 墓葬圖

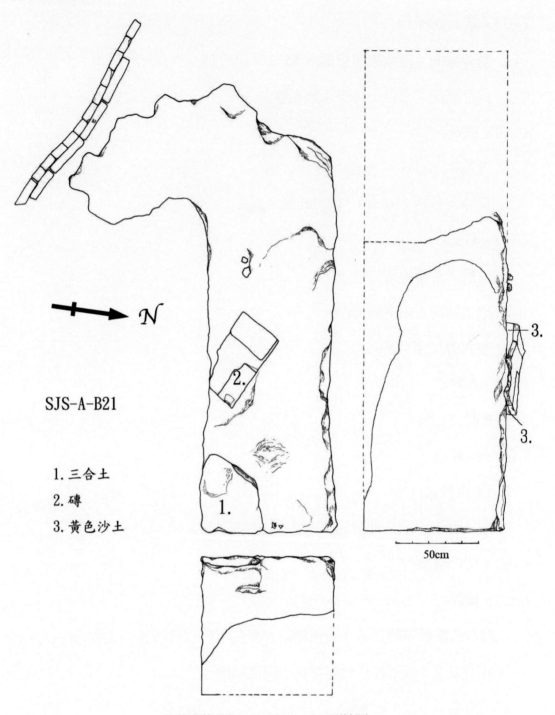

SJS-A-B21

1.三合土
2.磚
3.黃色沙土

50cm

墓葬登錄-圖 106：SJS-A-B21 測繪圖

2. 影像

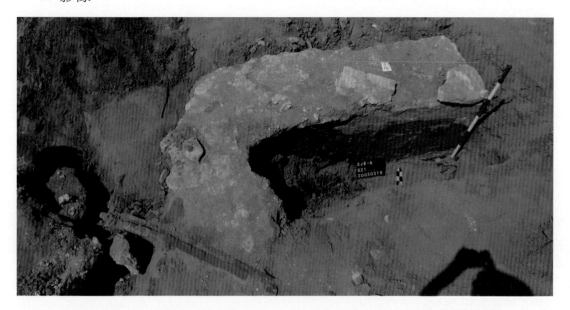

墓葬登錄-圖 107：SJS-A-B21 墓葬外槨三合土彎曲呈現勾狀，並延伸至磚砌結構。

IX、墓葬編號：SJS-A-B23

（一）、基本資料

    1. 墓葬軸向：東南東（東偏南 30°）－西北西

    2. 海拔高度：13.06-13.15m

    3. 保存概況：三合土外槨大致完整，槨頂中段約一 30 ㎝橢圓形盜洞。

（二）、墓穴

    1. 土質：沙土　　土色：黃

    2. 尺寸：外長 231 ㎝；外寬 91 ㎝；深 92 ㎝。

（三）、葬具

    1. 材質：外槨澆漿三合土

    2. 出土狀況：未清理發掘。

    3. 墊底磚尺寸：不明。

（四）、人骨

    未發掘

（五）、陪葬品

    1. 種類(數量)：白瓷殘件(2)、青花器殘件(1)、彩瓷(1)。

    2. 出土狀況：槨內未清理發掘，周邊採集瓷器四件。

（六）、文化現象

    1. 葬儀行為：不明。

（七）、備註

（八）、圖像

1. 墓葬圖

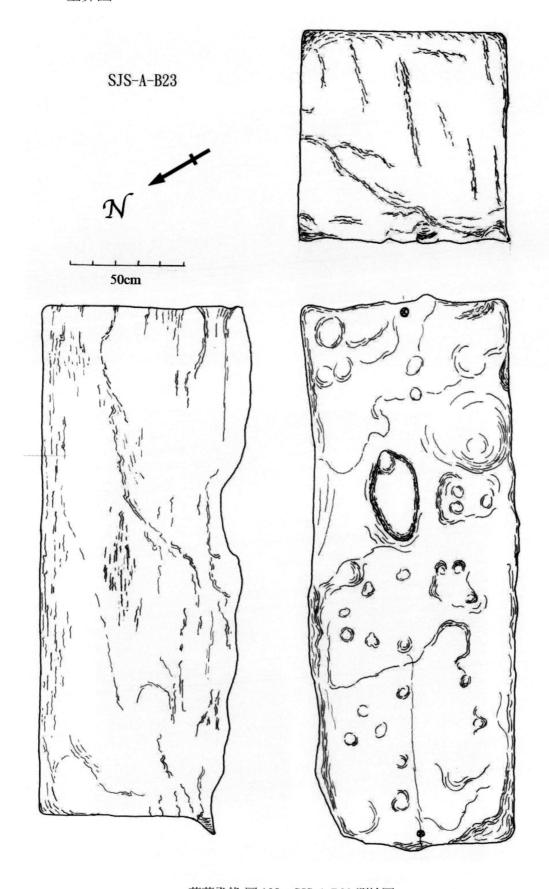

SJS-A-B23

𝒩

50cm

墓葬登錄-圖 108：SJS-A-B23 測繪圖

2. 影像

墓葬登錄-圖 109：SJS-A-B23 北側觀測照，槨頂可見明顯盜洞。

墓葬登錄-圖 110：SJS-A-B23 西側景觀照。

X、墓葬編號：SJS-A-B40

（一）、基本資料

　　1. 墓葬軸向：北北西（北偏西 20°）－南南東

　　2. 海拔高度：14.62-14.63m

　　3. 保存概況：皆近完整，槨右廂已遭工程作業損毀，疊壓於 SJS-A-B48 之上。

（二）、墓穴

　　1. 土質：沙土　　土色：黃

　　2. 尺寸：外長 225 ㎝；外寬 82 ㎝；高 80 ㎝。

（三）、葬具

　　1. 材質：外槨澆漿三合土

　　2. 出土狀況：未清理發掘。

　　3. 墊底磚尺寸：不明。

（四）、人骨

　　未發掘

（五）、陪葬品

　　未發掘

（六）、文化現象

（七）、備註

　　二墓葬上下疊壓，B40 疊壓於 B48 之上。

（八）、圖像

1. 墓葬圖

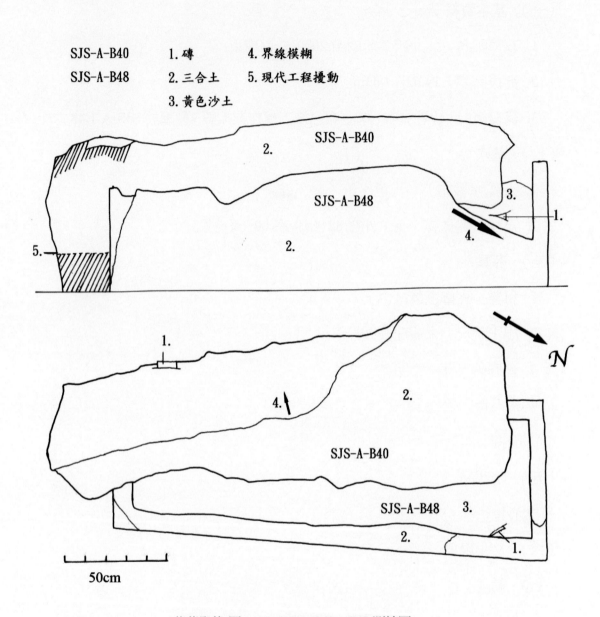

墓葬登錄-圖 111：SJS-A-B40、B48 測繪圖

2. 影像

墓葬登錄-圖 112：SJS-A-B40 與 A-B48 上下疊壓。

墓葬登錄-圖 113：SJS-A-B40 疊壓於 A-B48 之上，後檔處已於工程中毀損崩落。

XI、墓葬編號：SJS-A-B48

（一）、基本資料

1. 墓葬軸向：北北西（北偏西 20°）－南南東

2. 海拔高度：14.62-14.63m

3. 保存概況：牛擾，槨頂受疊壓於 SJS-A-B40 之下，未遭疊壓部分已無三合土。

（二）、墓穴

1. 土質：沙土　　土色：黃

2. 尺寸：外長 219 ㎝；外寬 75 ㎝；高 60 ㎝。

（三）、葬具

1. 材質：外槨澆漿三合土

2. 出土狀況：未清理發掘。

3. 墊底磚尺寸：不明。

（四）、人骨

未發掘

（五）、陪葬品

未發掘

（六）、文化現象

（七）、備註

二墓葬上下疊壓，B40 疊壓於 B48 之上。

（八）、圖像

1. 墓葬圖

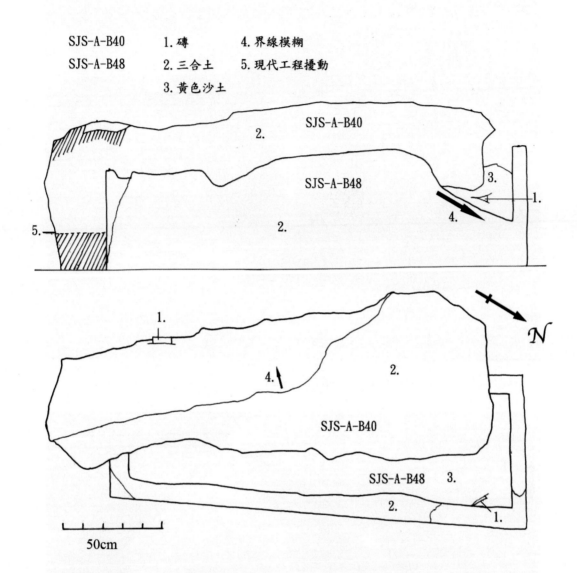

SJS-A-B40　　1.磚　　　4.界線模糊
SJS-A-B48　　2.三合土　5.現代工程擾動
　　　　　　　3.黃色沙土

墓葬登錄-圖 114：SJS-A-B40、B48 測繪圖

2. 影像

墓葬登錄-圖 115：SJS-A-B48 墓葬疊壓於 B40 之下，左廂上方已無三合土槨頂。

墓葬登錄-圖 116：SJS-A-B40 棺槨左廂疊壓於 B48 右廂之上。

XII、墓葬編號：SJS-B-B8

（一）、基本資料

　　1. 墓葬軸向：東北（東偏北 45°）－西南

　　2. 海拔高度：11.69-11.48m

　　3. 保存概況：三合土外槨堅硬，外槨南側遭工程破壞，中段有一盜洞，可能
　　　　遭盜擾。

（二）、墓穴

　　1. 土質：沙土　　　土色：黃

　　2. 尺寸：外長 215 ㎝；外寬 65 ㎝；高 70 ㎝

（三）、葬具

　　1. 材質：外槨澆漿三合土

　　2. 出土狀況：未清理發掘。

　　3. 墊底磚尺寸：不明。

（四）、人骨

　　未發掘

（五）、陪葬品

　　未發掘

（六）、文化現象

（七）、備註

（八）、圖像

1. 墓葬圖

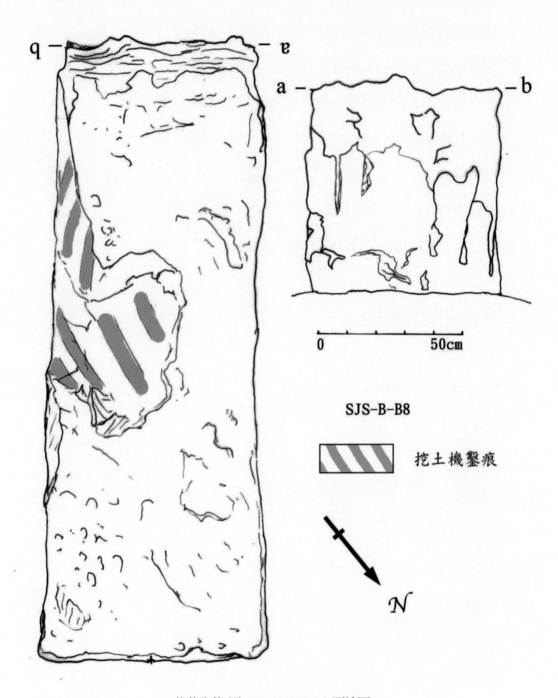

SJS-B-B8

挖土機鑿痕

墓葬登錄-圖 117：SJS-B-B8 測繪圖

2. 影像

墓葬登錄-圖 118：SJS-B-B8 墓葬三合土外槨南側遭工程破壞，中段有一盜洞。

墓葬登錄-圖 119：SJS-B-B8 墓葬因左側涵管埋設工程作業而遭受破壞。

二. 墓塋相關結構

　　水交社墓葬群遺址所發現之墓塋相關結構，皆發現於 A 區，編號為 F1 至 F4 共四組，另有 A-B6 墓葬東側亦存在磚砌墓埕結構（另見第伍章第一節）。分述如下：

　　SJS-A-F1 墓塋結構：部份結構已毀損，殘長接近 4 公尺，殘寬 2 公尺 60 公分，殘高 47 公分；墓埕面向東南，紅磚砌建結構，外附三合土抹面（圖 5-2-1、圖 5-2-2、圖 5-2-3、圖 5-2-4）。墓左側第一與第二曲手尚存，殘高約 11 公分。正中可見磚砌三合土抹面案臺（墓桌）寬 105 公分，長 37 公分。案台後有三合土基座，寬 60 公分，殘高 47 公分，表面可見扇狀平行短線紋理，基座上未見墓碑，可能已遭推倒。明堂三合土鋪面以 36 塊紅磚豎置疊砌成拱狀結構（磚尺寸 22×4.5 公分），以區分頂埕與下埕，拱長 190 公分。左側磚邊緣尺寸 22×12 公分

　　SJS-A-F2 弧狀磚砌結構：緊鄰 F1 結構西北側，二者相距約 70 公分（圖 5-2-2、圖 5-2-3、圖 5-2-4）。以紅磚砌築，殘存二層，外附三合土抹面，長 173 公分，已測紅磚長寬尺寸（25.1×6 公分、27×22 公分、32×10 公分）。

SJS-A-F1（上）　　　1. 磚
SJS-A-F2（下）　　　2. 三合土
　　　　　　　　　　　3. 三合土包覆磚結構

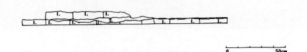

圖 5-2-1：SJS-A-F1 墓塋相關結構測繪圖

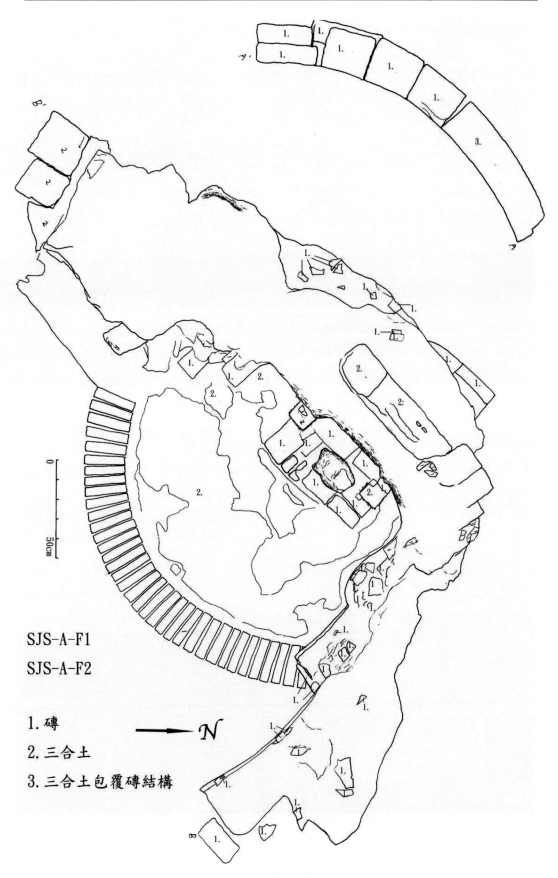

圖 5-2- 2：SJS-A-F1&F2 墓塋相關結構測繪圖

圖 5-2- 3：SJS-A-F1、F2 墓塋相關結構

圖 5-2- 4：SJS-A-F1、F2 墓塋相關結構

SJS-A-F3 磚砌結構：北側以 33 塊紅磚豎置疊砌，南側為平砌，遺構全長 260 公分，寬 41 公分，高 3.9 公分，磚尺寸為 22×12×5 公分，長邊呈北北東－南南西走向（圖 5-2-5、圖 5-2-6）。

SJS-A-F3

1. 磚
2. 土層
3. 破裂面

N

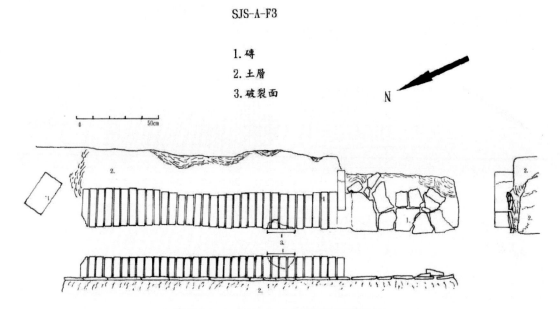

圖 5-2- 5：SJS-A-F3 磚砌結構測繪圖

圖 5-2- 6：SJS-A-F3 磚砌結構

SJS-A-F3 磚砌結構：南側以 36 塊紅磚豎置疊砌，北側與東側有平砌磚面，遺構全長 220 公分，寬 60 公分，高 30 公分，磚尺寸為 25.1×16.5×4 公分，長邊呈北北東－南南西走（圖 5-2-7、圖 5-2-8）。

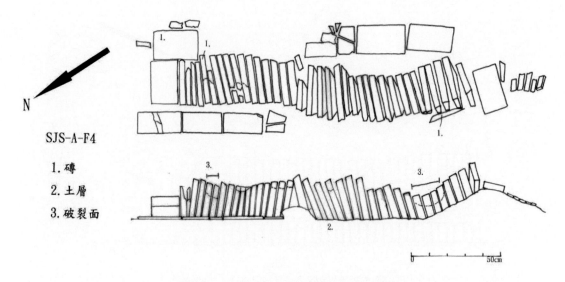

圖 5-2- 7：SJS-A-F4 墓塋相關結構測繪圖

圖 5-2- 8：SJS-A-F4 墓塋相關結構

　　SJS-A-B6 西側後檔殘存墓塋結構：墓塋尺寸長 22.5～23 ㎝；寬 12 ㎝。磚砌圍成一長方型槽狀案台，接連後檔外櫚處東側案台磚砌 7 層，南、北、西側案台與北側伸手，下部皆為土壟，上殘存砌磚 1 至 5 層不等（圖 5-2-9、圖 5-2-10）。

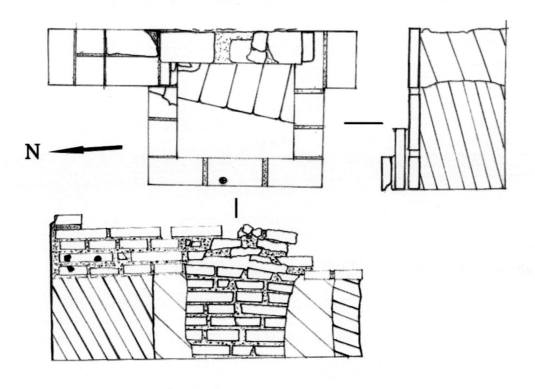

■石灰　　░黃色沙土　　▨褐色土

圖 5-2- 9：SJS-A-B6 西側墓塋結構測繪圖

圖 5-2- 10：SJS-A-B6 西側墓塋結構

陸、出土遺物

　　水交社墓葬群所發現之遺物可大致分為陶瓷、金屬、玉石玻璃三大類。分述以下：

一. 陶瓷類文物

　　陶瓷類遺物可分為高溫瓷器、高溫硬陶、低溫紅陶三類。

　　1. 高溫瓷器：以高溫釉下青花瓷、白瓷為主，其中以青花瓷佔最大多數。依其形制可分為碗、杯、盤三型，皆日常餐飲用器。

　　青花瓷碗依其造形特徵可細分為三式；分述如下：

　　Ⅰ式碗：以編號 PB-0078 纏枝靈芝紋青花碗為例，口徑 12.5cm，足徑 6cm，高 5.6cm，修護前殘重 65.7g，修護後重 144.89g。造形特徵為撇口，弧腹，圈足內外皆斜，器壁內外側皆繪有纏枝靈芝紋，圈足近底勾青花雙線圈，足底單圈落款，但無法辨識，青花發色藍中泛灰。

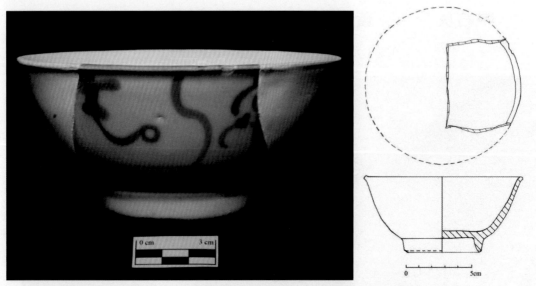

圖 6-1- 1：纏枝靈芝紋青花碗（PB-0078）與測繪圖

Ⅱ式碗：以編號 PB-0085 印花紋青花碗爲例，口徑 12.8cm，足徑 6.6cm，高 5.5cm，修護前殘重 74.28g，修護後重 151.47g。器形特徵爲撇口，弧腹，胎色灰青且夾沙，圈足內直外斜，底刮釉露胎，圈足底未上釉且帶窯渣，胎釉間略帶火石紅，器壁外側使用印花上彩，繪有回字文與動物紋，青花發色藍灰。

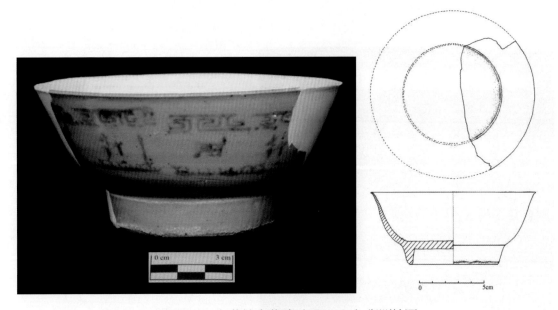

圖 6-1- 2：印花紋青花碗（PB-0085）與測繪圖

Ⅲ式碗：以編號 PB-0024 花草紋青花碗爲例，足徑 3.1cm，修護前殘重 37.5g，修護後重 37.5g。造形特徵爲弧腹，器壁繪有花草紋，器腹近底處繪變形蓮瓣紋，圈足近底勾青花單線線圈。

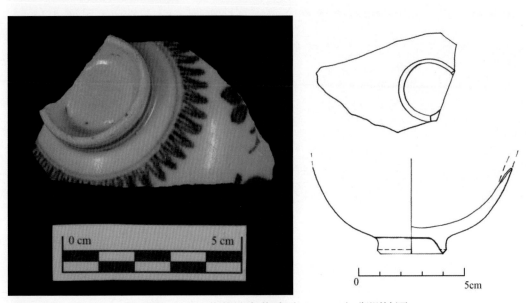

圖 6-1- 3：花草紋青花碗（PB-0024）與測繪圖

青花瓷杯依其造形可分為兩式；分述如下：

Ⅰ式杯：以編號 PB-0001 梵文青花小杯為例，口徑 5.6cm，足徑 3cm，高 3.6cm，修護前殘重 12.78g，修護後重量 22.88g。造形特徵為撇口弧腹，淺圈足內外皆斜，足底沾黏窯砂，內壁無紋飾，器壁外繪三排連續Ⅲ狀梵字紋，青花發色藍灰，青料濃艷處有未熔裂痕。

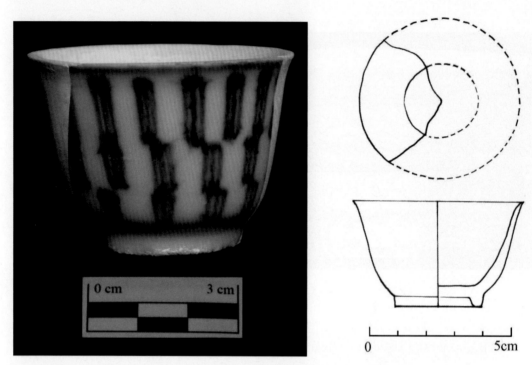

圖 6-1- 4：梵文青花小杯（PB-0001）與測繪圖

Ⅱ式杯：以編號 PB-0027 草書文字紋青花杯為例，口徑 8cm，足徑 4.2cm，高 8.2cm，修護前殘重：184.2g，修護後重 237.0g。造形特徵為直口，直壁，圈足外直內斜，足底刮釉露胎，胎質潔白，外壁草書漢字，圈足內落款「歧 390」字樣。

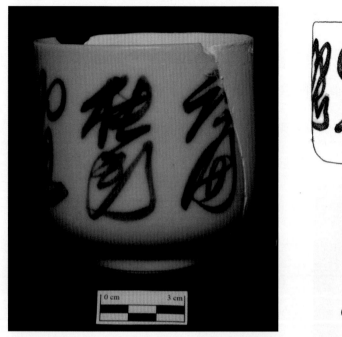
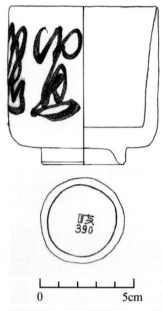

圖 6-1- 5：草書文字紋青花杯（PB-0027）與測繪圖

　　編號 PB-0143 山水紋青花杯，口徑 6.6cm，足徑 4.4cm，高 7cm，修護前殘重：98g。造形特徵為直口，弧腹，圈足外直內斜，足底及內壁刮釉露胎，胎質潔白，外壁裝飾剪紙噴釉山水紋，圈足內無款。

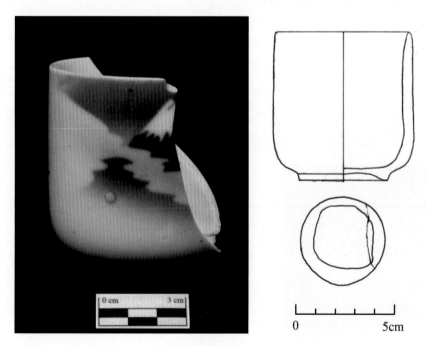

圖 6-1- 6：山水紋青花杯（PB-0143）與測繪圖

青花盤依其造形特徵可細分爲二式；以下分述：

I式盤：以編號 PB-0077 湖石牡丹紋青花盤爲例，口徑 9.6cm，足徑 4.46cm，高 2.5cm，修護前殘重 39.8g，修護後重 54.45g。造型特徵爲，撇口，斜弧腹，圈足外斜內直，挖足過肩，盤內口沿處繪青花雙線圈，內繪湖石、牡丹、花草紋，外壁繪有簡筆花草紋，圈足繪青花單線圈，青花發色良好。

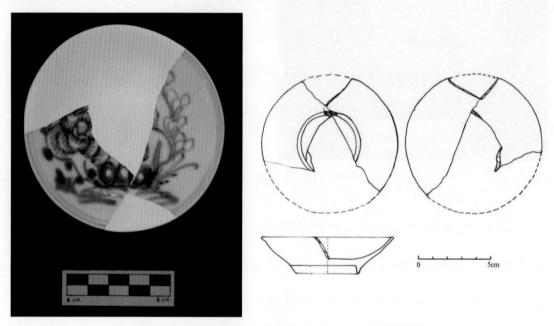

圖 6-1- 7：湖石牡丹紋青花盤（PB-0077）與測繪圖

II式盤：以編號 PB-0136 秋葉紋青花盤爲例。口徑、器高不明，足徑 4.5cm，殘重 1.58g。造形特徵爲，圈足內外皆斜，足底沾黏窯砂，挖足過肩且底心尖凸，胎質呈灰黃，青花發色藍灰，盤心繪秋葉紋。

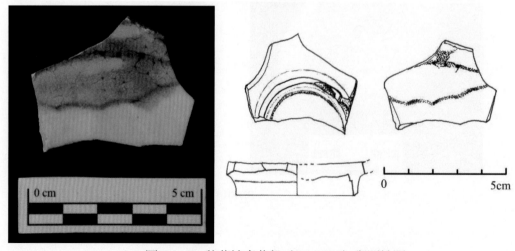

圖 6-1- 8：秋葉紋青花盤（PB-0136）與測繪圖

白瓷可見碗、匙二種形制，亦皆日常餐飲用器。

白瓷碗：以編號 PC-0003 白瓷碗為例，口徑、器高不明，足徑 3.4cm，殘重 17.46g，圈足滿釉，足形內斜外直，足底沾黏些許窯渣，胎壁薄，胎質白中帶黃，釉白中略顯青色，。

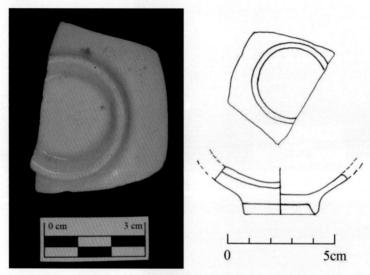

圖 6-1- 9：白瓷碗（PC-0003）與測繪圖

白瓷匙：以編號 PS-0001 白瓷匙為例，寬 3.7cm，殘長 8.2cm，高 1.3cm，殘重 18.0g。造形特徵為尖狀匙首，匙身橢圓，匙底施釉，有圈足，足底沾黏窯砂，胎質白中帶黃，釉色白而偏青，匙底模印陽紋「福記」二字。

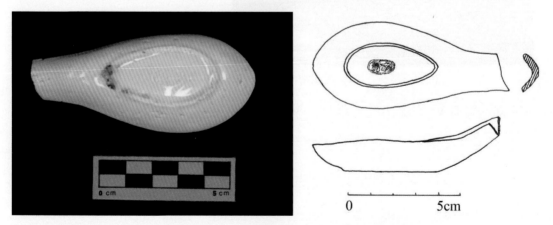

圖 6-1- 10：白瓷匙（PS-0001）與測繪圖

青瓷：僅見盤型器，以編號 PV-0001 青瓷盤為例，本器為水交社工程開始之初，施工單位於受破壞墓葬中所發現，且與紫砂茶壺共出。口徑 11.6cm，足徑 5.8cm，高 4.3cm，重 209.2g。造型特徵為，直口微向外敞，斜弧壁，圈足粗寬，

足底面向內斜切，胎皮呈灰褐色，盤底心略爲凸起呈雞心狀，釉色灰青，釉面帶細微開片。

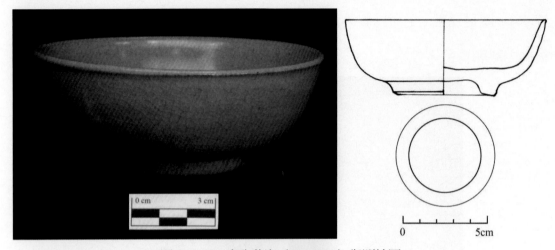

圖 6-1-11：青瓷茶海（PV-0001）與測繪圖

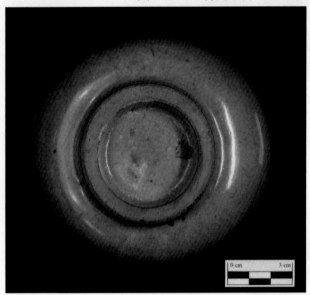

圖 6-1-12：青瓷茶海（PV-0001）底部圈足

2. 高溫硬陶：燒成溫度約攝氏 1000 以上，胎体硬度較高，器身施釉者較多，依其形制可分爲茶壺、罐形器與器蓋三種類型。

茶壺：以編號 WV-0006 紫砂茶壺爲例，本器爲水交社工程開始之初，施工單位於受破壞墓葬中發現。口徑 4cm，足徑 3.2cm，殘高 4.6cm，重 52.01g。缺蓋，胎色深褐，造形特徵爲大口斜肩，器身圓弧，流嘴、口與執柄呈一直線，且高度一致，凹底，底部陰刻行書銘文「溪光山色共 逸公」。

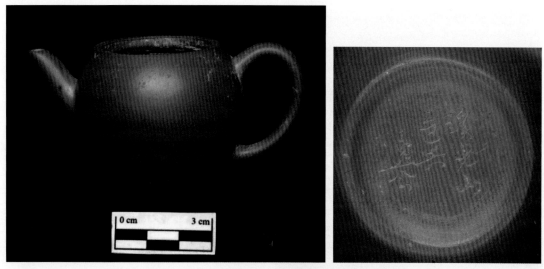

圖 6-1- 13：紫砂茶壺（WV-0006）與器底銘文

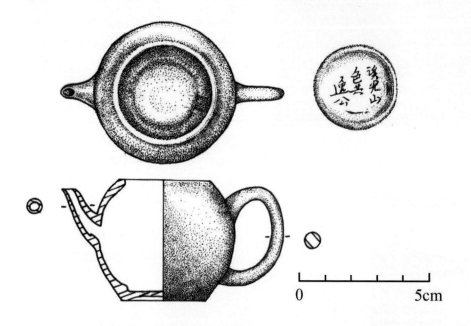

圖 6-1- 14：紫砂茶壺（WV-0006）測繪圖

罐形器依其造形、釉色特徵可分為二式；分述如下：

I 式罐：以編號 WV-0002、WV-0004 醬釉罐標本為例，編號 WV-0002 復原後口徑 26.2cm，復原後器高 55.3cm，足徑 25cm，復原前殘重 4908g，復原後重 6621g。編號 WV-0004，殘高 27.6cm，底徑 25cm，殘重 2286g。造型特徵為大口，厚唇，呈倒三角形，唇頂面平且有窯砂沾黏痕，唇以下有一圈圓弧突棱，器身平直，中段稍突鼓圓弧，至器底微收束，可見數道拉坯痕。器外壁施醬釉，內壁施釉薄，且有不均勻流釉痕，凹底。WV-0004 內外壁皆有大面積窯砂沾黏痕。

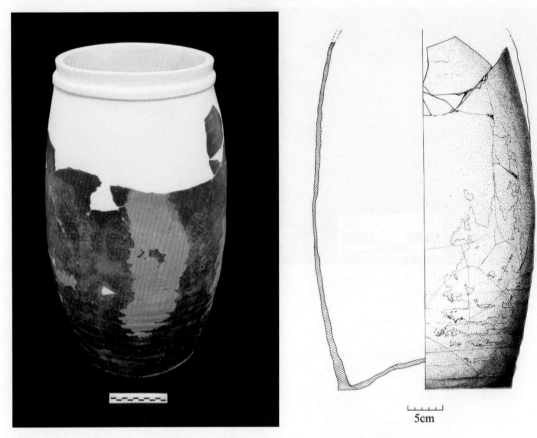

圖 6-1- 15：醬釉罐（WV-0002）及測繪圖

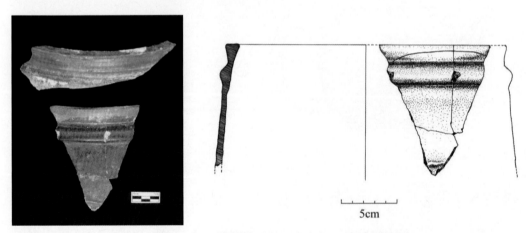

圖 6-1- 16：醬釉罐（WV-0002）口緣及測繪圖

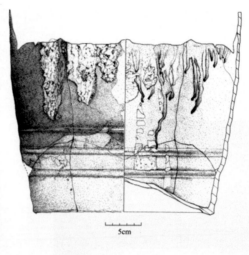

圖 6-1- 17：醬釉罐（WV-0004）及測繪圖

　　II式罐：以編號 WV-0001 黃褐釉罐爲例，口徑 11.6cm，足徑 15.3cm，高 32.1cm、重 5677g。造形特徵爲撇口，厚唇，唇形內圓外斜，束頸，斜肩，肩部以下斜收。器身歪斜，應屬燒成時變形所致。器身上半部壓印繩紋裝飾，至中段有五條平行線紋。施黃褐色釉，胎質紅褐夾砂。肩部有環帶狀窯砂沾黏痕，爲疊燒時殘留之裝燒工藝痕。

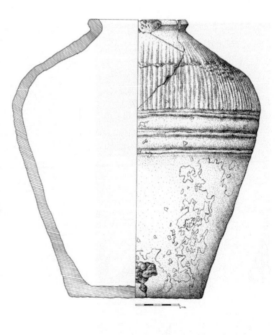

圖 6-1- 18：黃褐釉罐（WV-0001）與測繪圖

硬陶器蓋依其造形、質地特徵亦可分爲二式；

I式蓋：以編號 WL-0004 褐釉灰胎器蓋爲例，口徑 10cm，器高 1.8cm，殘重 13.1g。造形特徵爲蓋面平弧，部分表面施褐釉，蓋緣直口外斜，器壁甚薄，蓋內壁殘留些許紅色硃砂。

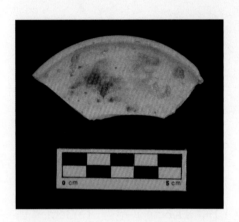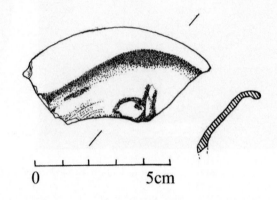

圖 6-1- 19：褐釉灰胎器蓋（WL-0004）與測繪圖

II式蓋：以編號 WL-0003 紅褐胎無釉陶蓋爲例，復原後口徑 35.6cm，高 4cm，修護後殘重 455.9g。造形特徵爲厚唇，斜壁，平底，蓋身有拉坯痕，胎質紅褐色夾砂。

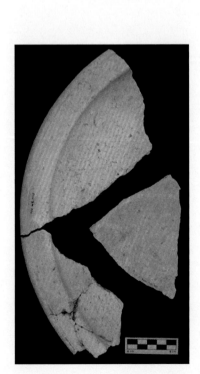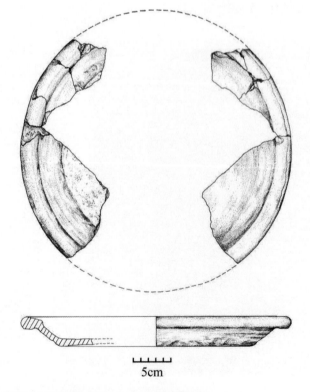

圖 6-1- 20：紅褐胎無釉陶蓋（WL-0003）與測繪圖

3. 低溫陶器：燒成溫度較低，多在攝氏 8、900 百度左右，不超過攝氏 1000 度，胎体硬度較低，未見施釉者。依其形制可分爲厚唇罐（漏罐）、糖漏、磚、筒瓦、不明造形器等數種類型。逐一分述如下：

厚唇罐（漏罐）：以編號 WF-0001 紅胎無釉漏罐爲例，口徑 25.8cm，足徑 19cm，高 31.5cm，殘重 3229g，修護後重 4610g。造形特徵爲低溫紅胎，直口，厚唇，唇形內外皆突，斜頸斜肩，至器壁底處微內收束，有刻意打破器底現象。

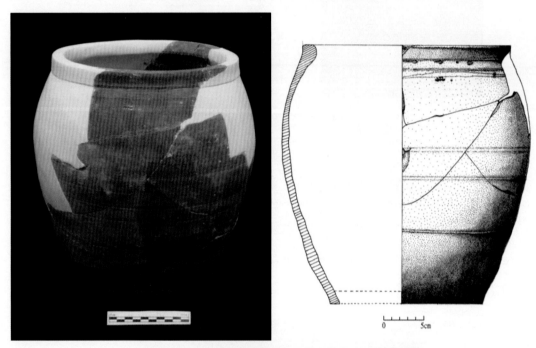

圖 6-1- 21：紅胎無釉漏罐（WF-0001）與測繪圖

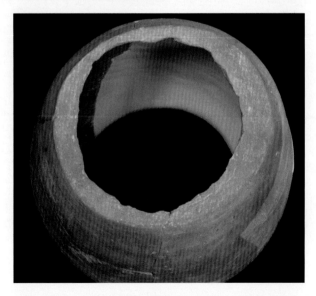

圖 6-1- 22：紅胎無釉漏罐（WF-0001）器底照片

糖漏：以編號 WF-0003 紅胎糖漏口緣為例，標本過於破碎，僅存小部份口緣處，殘重 34.3.g。造形特徵為直口厚唇，器壁極薄，胎質橙紅。

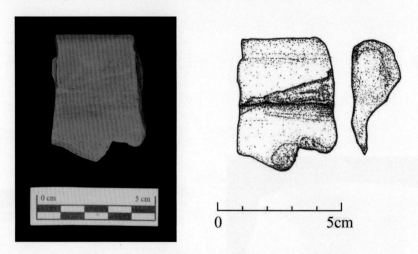

圖 6-1-23：紅胎糖漏口緣（WF-0003）與測繪圖

磚：水交社墓葬群及其周邊所見紅磚，依其造形特徵可分為三式（編號及尺寸、重量）；用途主要為喪葬儀式所需，有用於棺木之下墊底磚（磚面上殘存銅錢與鐵釘），亦有使用於構築墓塋結構者：

I 式磚：條磚，實心長方體，使用最為普遍，長度在 20cm 至 24cm 之間，但有少數 28cm、26cm 者；寬度則在 9cm 至 11cm 之間，少數可達 14cm；磚厚則大抵在 3.4cm 至 5.7cm 之間。部分一式磚磚壁兩側可見平行斜線積碳痕（如 WB-0009 以及 WB-0020），民間俗稱「胭脂磚」、「燕子磚」、「岸止磚」或「燕尾磚」。

圖 6-1-24：Ⅰ式墊底磚（WB-0005）與測繪圖

圖 6-1-25：Ⅰ式墊底磚（WB-0010）與測繪圖

Ⅱ式磚：長、寬尺寸皆較一式磚大上許多，長度約 28cm 至 30cm 之間；寬度在約 22cm 至 24cm 左右；厚度則在 5cm 至 6.2cm 之間。民間稱此式紅磚為「毊磚」，主要用於鋪地與臺階砌築，流行於清代，日據後逐漸消失。

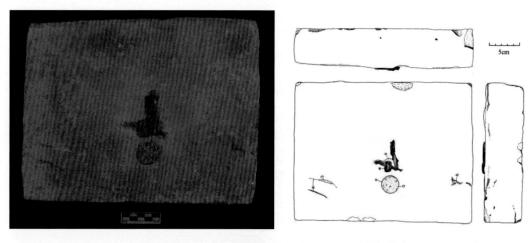

圖 6-1- 26：Ⅱ式墊底磚（WB-0006）與測繪圖

Ⅲ式磚：尺寸與一式磚大抵相同，主要差異在於磚底挖空，重量較輕，故稱「掏痕磚」。民間稱『空心磚』。

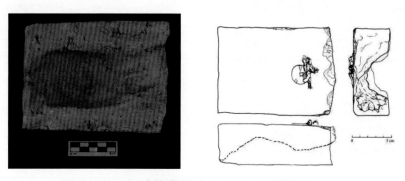

圖 6-1- 27：Ⅲ式墊底磚（WB-0021）與測繪圖

表 6- 1：水交社遺址所見各類紅磚及其尺寸

編號	類型	位置	重量	長(cm)	寬(cm)	厚(cm)
WB-0001	Ⅰ式磚	SJS-A-B1	1549g	24.3	9.8	4.2
WB-0002	Ⅰ式磚	SJS-A-B6	1941g	24.2	11.9	4.5
WB-0003	Ⅰ式磚	SJS-A-B11	1746g	23	10.1	4.8
WB-0004	Ⅰ式磚	SJS-A-B11	1562g	23	9.7	4.4
WB-0005	Ⅰ式磚	SJS-A-B11	1518g	23.1	8.4	4.3
WB-0006	Ⅱ式磚	SJS-A-B16	6061g	29.3	22.2	6.2
WB-0007	Ⅱ式磚	SJS-A-B16	5465g	28.4	21.4	5.4
WB-0008	Ⅰ式磚	SJS-A-B19	1386g	24	9.5	4.8
WB-0009	Ⅰ式磚	SJS-A-B25	1638g	20.7	10.5	4.9
WB-0010	Ⅰ式磚	SJS-A-B50	1557g	23.1	9.4	4.3
WB-0011	Ⅰ式磚	SJS-A-B50	1574g	22.5	9.2	4.4
WB-0012	Ⅰ式磚	SJS-A-B56	1973g	24.5	9.4	5.3
WB-0013	Ⅰ式磚	SJS-A-B57	690g	殘 12.5	10.4	4.8
WB-0014	Ⅰ式磚	SJS-A-B58	1586g	22.4	9.6	3.9

WB-0015	I 式磚	SC	1770g	28.3	9	5.2
WB-0016	I 式磚	SC	1808g	22.3	8.8	5.2
WB-0017	I 式磚	SJS-B-B1	1584g	19.2	11.5	3.5
WB-0018	I 式磚	SJS-B-B1	2080g	20	12.2	4
WB-0019	I 式磚	SJS-B-B2	4165g	26.5	14.8	4
WB-0020	I 式磚	SJS-B-B6	1469g	24.6	13.7	2.6
WB-0021	III 式磚	SJS-B-SC	1135g	殘 15	10.5	4.8
WB-0022	III 式磚	SJS-B-SC	367g	殘 9.2	10.1	4.6
WB-0023	I 式磚	SJS-B-SC	970g	殘 15.5	14.8	3.4
WB-0024	I 式磚	SJS-A-B3	1580g	23.6	11.8	5.5
WB-0025	I 式磚	SJS-A-SC	2206g	23.7	12.3	5.7

筒瓦：以編號 WS-0001 筒瓦爲例，殘長 12.5cm，殘寬 7cm，胎厚 0.8cm，殘重 89.3g。造形特徵爲，弧狀器身，胎質橙黃。

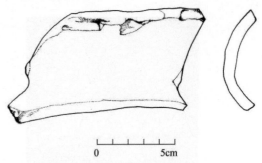

圖 6-1- 28：筒瓦（WS-0001）與測繪圖

不明造形器類：以編號 WR-0001 標本爲例，殘長 7.4cm，殘寬 2.8cm，殘重 41.1g，斷面呈波浪狀，器面一爲平坦，另一呈弧狀，胎色橙紅，素胎無釉，側面可見壓印溝槽帶，可能爲建築磚瓦中的「柳條」或「素胎花窗」。

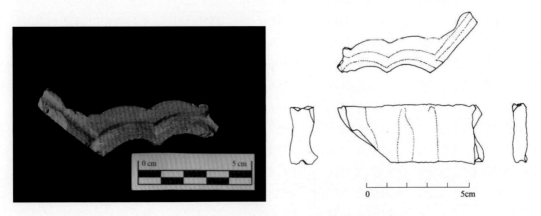

圖 6-1- 29：不明造形器（WR-0001）與測繪圖

二. 金屬類文物

　　金屬類出土遺物，依其功能與造形特徵，可分爲髮簪、髮冠、戒環、墜扣、銅鏡、耳墜、圓蓋形穿孔器、頂戴、片狀不明器，以及錢幣共十類，分述如下：

　　髮簪：以編號 UT-0004 髮簪爲例，長 11.8cm，寬 0.2cm，重 2.14g。銅質，簪首招絲鏤雕蓮瓣紋，共 21 瓣，簪首花結內有半球狀突起，頭與簪體連結處有陽刻線紋裝飾。出土於水交社墓葬群 A-B1 墓葬西北側前檔處，與髮冠共出。

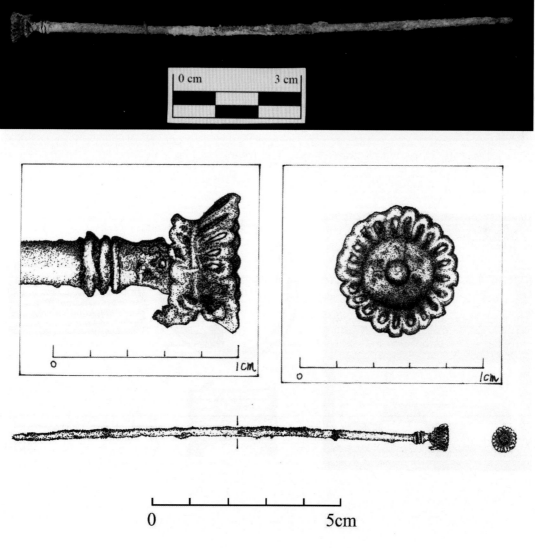

圖 6-2-1：髮簪（UT-0004）與測繪圖

髮冠：編號 UT-0018，寬度約略 7.5cm，殘高約 4.5cm，銅質薄壁，呈圓弧狀，器身中段有折線，頂部缺損，出土於水交社墓葬群 A-B1 坑西北側頭檔處，與銅質髮簪共出。本器出土時破碎殘損甚爲嚴重，須待進一步修護保存。

圖 6-2- 2：髮冠（UT-0018）出土景觀

戒環：以編號 UR-0005 戒指爲例，水交社墓葬群 B-B5 墓葬人骨左手中指骨上。銅質，高 1cm，外徑 2cm，內徑 1.8cm，重 4.12g，戒指外壁以七圈銅線並排連結構成。

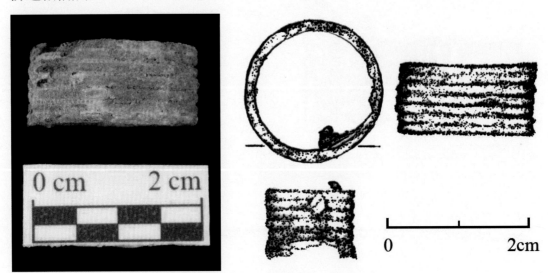

圖 6-2- 3：戒指（UR-0005）與測繪圖

墜扣：水交社墓葬群出土銅質墜扣，[39]依造形與特徵差異，可分爲三式：

　Ⅰ式墜扣：大體呈圓球形，以編號 UT-0019 墜扣爲例，出土於水交社墓葬群 A-B54 墓葬東側。銅質，直徑約 1cm，重 0.6g，無紋飾，通體呈圓球狀，上接圓環。

　Ⅱ式墜扣：大致呈斗笠形，以編號 UT-0009 墜扣爲例，出土於水交社墓葬群 A-B9 墓葬人骨右肩部與右臂側。銅質，直徑約 1.5cm，重 1.2g，無紋飾，上窄下寬底平，呈斗笠狀，上接圓環。

　Ⅲ式墜扣：大致呈瓜稜形，以編號 UT-0016 墜扣爲例，出土於水交社墓葬群 A-B59 墓葬中段殘碎人骨旁。直徑約 1cm，重 0.27g，器身爲球狀瓜稜式造形，上接圓環，器底陰刻團花裝飾。

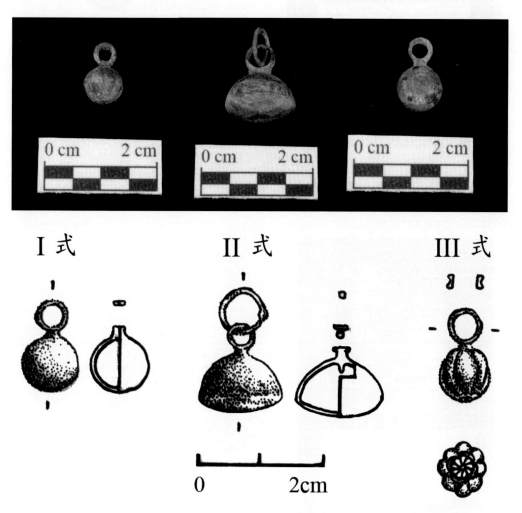

圖 6-2-4：墜扣（UT-0019、UT-0009、UT-0016）與測繪圖

---

[39] 原發掘紀錄將本類文物記爲「鈴鐺」。

耳墜：水交社墓葬群出土勾狀耳墜依造其裝飾之不同，共可分成二式：

一式耳墜：以編號 UT-0005 耳墜爲例，出土於水交社墓葬群 A-B1 墓葬西北側前檔處。銅質，長 2.1cm，寬 1.6cm，重 1.79g，器頂爲扁平面六角型，下端彎曲呈勾狀，耳勾尖端爲卷曲收尾。

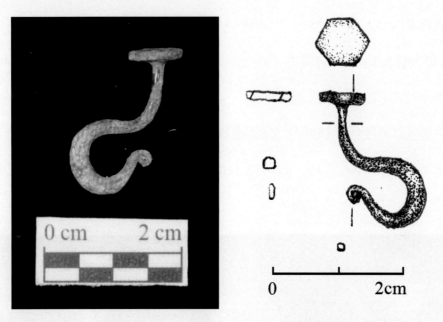

圖 6-2-5：Ⅰ式耳墜（UT-0005）與測繪圖

二式耳墜：以編號 UT-0007 耳墜爲例，出土於水交社墓葬群 A-B6 墓葬東側前檔處。銅質，長 2.0cm，寬 2.0cm，重 2.11g，器頂爲半圓球型，下端彎曲呈勾狀，勾尖爲反向上揚收尾。

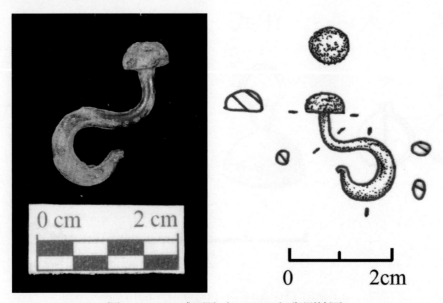

圖 6-2-6：Ⅱ式耳墜（UT-0007）與測繪圖

銅鏡：編號UT-0001 四乳丁四瑞獸紋銅鏡，口徑 6cm，厚度 0.55cm，重：
58.75g。出土於水交社墓葬群B-B6 東側前檔胸骨處，鏡面鏽蝕，紋飾面爲仿東
漢銅鏡形制，但紋飾內容模糊不清。鏡鈕爲半球形穿孔，內圈飾四乳丁，四乳間
裝飾瑞獸紋，紋飾外爲二陽刻凸線同心圓，圓外裝飾繁密平行短線紋圈帶，最外
圈爲弧形凹內斜槽，至鏡邊緣凸起成爲最高之外緣，上述銅鏡外緣凹弧特徵，爲
明清時期仿古鏡常見特徵。[40]

圖 6-2- 7：四乳丁四瑞獸紋銅鏡（UT-0001）與測繪圖

圓蓋形穿孔器：編號 UX-0001 蓋形器，出土於水交社墓葬群 A-B59 墓葬人
骨股骨上方。銅質，蓋面直徑 2.9cm，底徑 2.35cm，器高 0.9cm，重 6.3g 蓋面裝
飾仙桃枝葉紋，主題紋飾之外間以魚子紋地，蓋面邊緣邊裝飾鋸齒菱線紋。蓋內
中心穿一圓孔，蓋緣側壁有連續穿孔。

[40] 例見安徽省文物考古研究所、六安市文物局編，《六安出土銅鏡》，北京：文物出版社，2008
年；余繼明，〈中國收藏鑑賞叢書：中國銅鏡圖鑑〉，浙江：浙江大學出版社，2000 年。

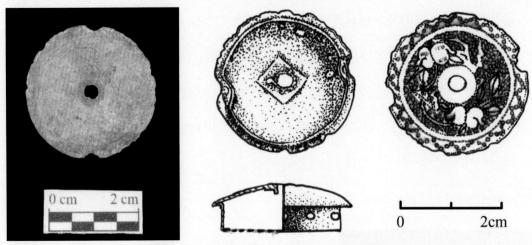

圖 6-2- 8：蓋形器（UX-0001）與測繪圖

片狀器：水交社墓葬群中出土金屬質地片狀器，依造其外形與特徵差異，可分為二式：

I 式扁平長條形片狀器：以編號 UY-0003 片狀器為例，出土於水交社墓葬群 A-B54 墓葬東側，長度分別約 5cm 與 3cm，厚度約 0.2cm，其中較長者其中一端帶一垂直柱狀器貫穿而過，功用不明。

圖 6-2- 9：I 式片狀器（UY-0003）

II 式扁平長方形片狀器：以編號 UX-0003 片狀器為例，出於水交社墓葬群 B-B6 墓葬東側前檔胸骨處，與編號 UT-0001 銅鏡伴隨而出，長 1.29～1.28cm，寬 0.9cm，厚度 0.18～0.16cm，器身上有一孔，孔背面呈『凹』字型，孔下方有一橫線細線凹槽，作用不明。

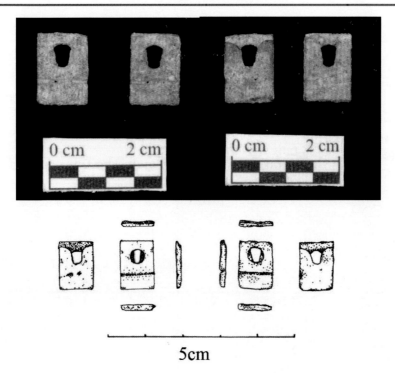

5cm

圖 6-2- 10：Ⅱ式片狀器（UX-0003）與測繪圖

　　頂戴：標本編號 UT-0021，出土於水交社墓葬群 A-B50 墓葬東側前檔處，重約 70g，銅質器座，上飾白色圓形玻璃裝飾。本器出土後急速風化碎裂，有待日後修復。

　　錢幣：水交社墓葬群出土銅錢，主要爲中國本地銅錢與越南銅錢，中國銅錢可上溯至北宋時代（太平通寶、皇宋通寶、元豐通寶），明代銅錢僅見萬曆通寶、南明及三藩時代可見永曆通寶、洪化通寶。清代銅錢數量最多，其中以『康熙通寶』與『乾隆通寶』爲最常見。越南鑄錢則可見太平聖寶、安法元寶、定元通寶景興通寶，鑄造年代在 16 至 18 世紀左右。另有零星日本寬永通寶、西班牙 Carolus Ⅳ鑄錢。

表 6-2- 1：水交社墓葬群出土各類錢幣例舉

名稱	編號	出土位置	外徑 (cm)	內徑 (cm)	厚度 (cm)	重量 (g)	鑄造地
太平通寶 976-983 AD　宋太宗	UN-0051	A-B25	2.40	0.59	0.09	2.49	中國
皇宋通寶 1038-1040 AD　宋仁宗	UN-0141	A-S.C	0.67	0.11	3.05	0.67	中國
元豐通寶 1078-1085 AD　宋神宗	UN-0055	A-B1	2.31	0.59	0.09	2.24	中國
太平聖寶 1558-1777 AD	UN-0058	A-B25	2.21	0.50	0.06	1.86	越南
安法元寶 1558-1777 AD	UN-0014	A-B51	2.14	0.41	0.09	1.55	越南
萬曆通寶 1576-1620 AD	UN-0027	B-B7	2.41	0.52	0.08	2.23	中國
定元通寶 16 世紀-18 世紀	UN-0054	A-B1	2.38	0.64	0.16	3.69	越南
寬永通寶 1625 AD-19 世紀	UN-0147	B-S.C	2.49	0.58	0.11	3.17	日本
永曆通寶 (行書) 1651-1684 AD	UN-0030	S.C	2.82	0.62	0.13	5.32	日本
永曆通寶 (篆字) 1651-1684 AD	UN-0040	B-B1	2.89	0.60	0.14	6.42	日北
康熙通寶 1662-1722 AD	UN-0018	A-B59	2.82	0.51	0.11	4.64	中國
洪化通寶 1679 AD	UN-0067	A-B1	2.27	0.51	0.14	3.67	中國
康熙通寶(臺字款) 1688-1692 AD (康熙 27 -31)	UN-0002	A-B4	2.45	0.53	0.12	3.17	中國
雍正通寶 1723-1735 AD	UN-0103	A-B19	2.61	0.45	0.12	4.50	中國
乾隆通寶 1736-1796 AD	UN-0143	A-S.C	2.44	0.50	0.16	4.41	中國
景興通寶 1740-1753 AD	UN-0062	A-B25	2.48	0.44	0.14	4.69	越南
西班牙 1788-1808 AD Carolus IV	UN-0116	A-B9	2.06	無	0.11	2.52	西班牙/ 墨西哥
嘉慶通寶 1796-1820 AD	UN-0153	B-S.C	2.51	0.59	0.11	3.30	中國
道光通寶 1821-1850 AD	UN-0013	A-B50	2.32	0.58	0.13	3.56	中國

UN-0051，太平通寶　　　　　　UN-0141，皇宋通寶

UN-0055，元豐通寶　　　　　　UN-0058，太平聖寶

UN-0014，安法元寶　　　　　　UN-0027，萬曆通寶

UN-0054，定元通寶　　　　　　UN-0147，寬永通寶

UN-0030，永曆通寶（行書）

UN-0040，永曆通寶（篆字）

UN-0018，康熙通寶

UN-0067，洪化通寶

UN-0002，康熙通寶（臺字款）

UN-0103，雍正通寶

UN-0143，乾隆通寶

UN-0062，景興通寶

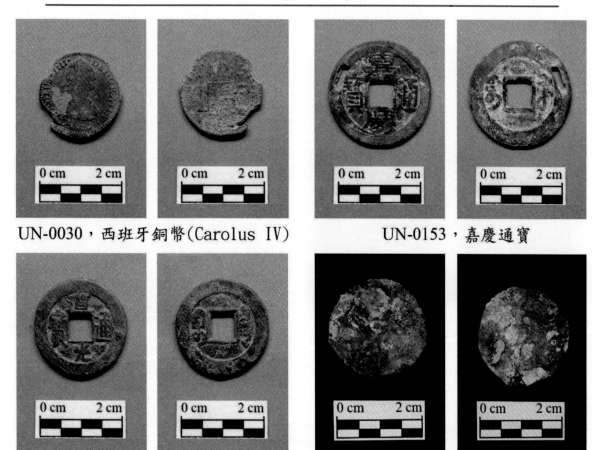

UN-0030，西班牙銅幣(Carolus IV)　　UN-0153，嘉慶通寶

UN-0013，道光通寶　　DW-0001，不明圓形金屬片

圖 6-2- 11：水交社墓葬群出土各類錢幣

三. 玉、玻璃、石質文物

　　玉質荷包束片，例見編號 ST-0001，出土於水交社墓葬群 A 區 B9 坑人骨右側腰部，長 3.1cm，寬 2.1cm，厚 1.1cm，中穿兩孔，四邊角皆斜削側邊。

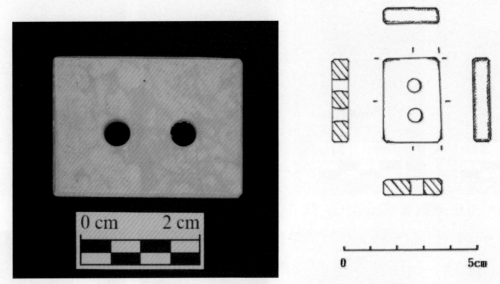

圖 6-3-1：玉質荷包束片（ST-0001）與測繪圖

　　黃色玻璃珠：出土水交社墓葬群 A 區 B52 墓，內徑 0.104cm，外徑 0.296cm，高 0.137cm，通體成黃色。

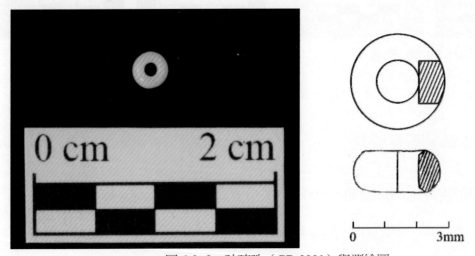

圖 6-3-2：玻璃珠（GB-0001）與測繪圖

　　石碑：本次水交社墓葬群搶救工作，發現石碑共二十餘件。由於時間緊迫，本單位僅取回二件，其餘皆留置遺址現場，留待日後處理。兩件取回石碑描述如下，其餘在遺址所見者，僅就影像紀錄說明其碑文內容：

(一) 黃界碑

　　水交社墓葬群 A 區採集，標本編號 SX-0001，長 33cm，寬 21.5cm，厚 9.5cm，14.7kg，銘文『黃界』。

圖 6-3- 3：石碑（SX-0001）與拓印

(二) 黃烈女坟界碑

　　水交社墓葬群 A 區採集，標本編號 SX-0002，長 44cm，寬 26cm，厚 7.5cm，20.2kg，銘文『黃烈女坟界』。

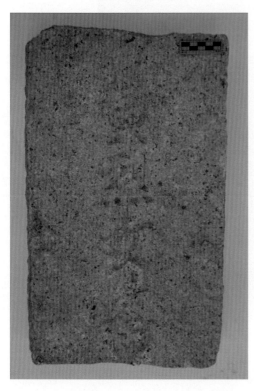

圖 6-3- 4：石碑（SX-0002）與拓印

（三）遺址現場石碑影像紀錄與碑文內容

表 6-3- 1：遺址現場石碑影像擇錄

照片	銘文	照片	銘文
	海澄 顯考劉公之墓 丙子年葭月吉旦 孝男履泰立石		月丁亥 港 張公 孝男永嗣立石
	銅山 考閱階葛公墓 辛巳 孝男一奇立石		法石 顯考成富黃公墓 嘉慶庚申年吉 孫宋祖□孝仝立

澄　乾隆庚辰
顯考君煌陳
邑　男天口口

漸　壬　午
山　蔡　公
　男芋欲　江暨立

左碑發現於 A 區 B55 墓東側。

廈　口口年八月吉
門　阮合舍墓
　　男天口立石

柒、初步研究與討論

一、水交社墓葬所屬年代

本次搶救清理之水交社墓葬，墓內皆出有銅錢，出土位置包含墊底磚上、墓主腰側陪葬、以及墓底其他各處，可以做為墓葬所屬年代之參考依據。表7-1依照年代先後順序條列各墓所出土銅錢，鑄造年號最晚或流通終止之年者，藉以反映墓葬所屬可能年代。此外，少數墓葬具有考古學疊壓打破關係者，亦可提供年代先後之參考。如A-B57墓葬疊壓於A-B59墓東南角之上，顯示前者年代晚於後者，而A-B57墓出土鑄造年號最晚銅錢為乾隆通寶，A-B59墓則為康熙通寶，同樣反映了二墓之間的年代先後關係。此外，本墓區所出土的各類陶瓷文物，經分析考證後亦可提供墓區年代的可能範圍（見本章第四節）。

表7-1：水交社墓葬所出土之年代下限銅錢及其所屬可能的年代推測

出土銅錢名稱	時間	墓葬編號	備考
永曆通寶	1651-1688	B-B1、B-B2	1688年臺地收買銷毀永曆偽錢
康熙通寶	1662-1722	A-B1、A-B59、B-B3、B-B5	
康熙通寶（臺）	1688-1722	A-B4、A-B15、B-B4、B-B6、B-B7	1688年設爐開鑄
雍正通寶	1723-1735	A-B19	
景興通寶	1740-1753	A-B25	安南錢
安法元寶	1558-1777	A-B51	安南錢
乾隆通寶	1736-1796	A-B2、A-B3、A-B6、A-B13、A-B16、A-B44、A-B56、A-B57、A-B59	
嘉慶通寶	1796-1820	A-B11、A-B53	
道光通寶	1821-1850	A-B9、A-B50、A-B54	

整體說來，水交社清理搶救之墓葬清楚顯示了本區墓葬出現時間可上溯至十七世紀中葉的明鄭時期以降，到了十七世紀晚期清領之初的康熙時期，墓葬數量

逐漸增加。進入十八世紀以後，墓葬數量達到高峰，顯示此地已成為府城居民主要的喪葬墓地。時至十九世紀前半，墓葬數量則略為減少，但喪葬行為持續在本區發生。至於水交社墓區出土各類陶瓷，同樣可反應上述變遷歷程。少數瓷器為十七世紀晚期，而絕大部分則為十八至十九世紀之物。另有少部份瓷器可歸於二十世紀前半，顯示本區持續有人群活動於此。上述考古現象不僅可對應本文第參章所述臺灣方志史料中，有關貴子山及其周邊墓區的記載，同時清晰地呈現出府城南郊墓區變遷發展的歷程。

二、受時代變遷侵擾破壞的水交社墓葬群

臺南南郊水交社墓葬群始出現於十七世紀中葉以降，歷經明鄭、清代、日據時期，以至今日長達數百年的時間流逝，因人類持續在本區進行不同性質的活動，造成了多種不同程度的侵擾與破壞。根據實地調查紀錄、搶救清理現象，以及相關史料記錄，可將墓葬所遭受的各種擾動現象，大抵分為四種情況，其不僅反映了台灣傳統喪葬儀式的特殊風俗、本墓區喪葬行為的頻繁，同時也顯示出不同時期的人為活動的破壞。

第一種墓葬被擾動之因素，係屬二次改葬現象，為墓主後人撿骨遷葬所致。部份水交社墓葬，三合土槨頂遭大面積揭除，墓內人骨多已被取出，僅存空穴。墓區內可見多座盛放人骨甕棺，及民間稱為「金斗甕」之陶質喪葬用容器。閩南地區喪葬撿骨習俗之相關史料記錄（光緒十年（1820）以前台灣屬福建之一府），可追溯至十八世紀中期。如乾隆二十二年（1759）福建官方示禁稱：

> 尤可痛恨者，漳、泉等處，親故而火葬，已干法紀。乃又名之曰「金罐」。
> 更有埋葬數年之後，或因子姓凋零，或因家道貧窘，輒歸咎於葬地，將骨挖
> 起，用水洗刷，另葬別處，相習成風，恬不為怪。此等惡習，地方官知而不
> 禁，或禁而不力，以致愚民陷於罪戾，殊堪憫惻。除嚴飭查拏，有犯必懲外，

合行出示嚴禁。爲此示仰撫屬示民人等知悉。[41]

故日本學者伊能嘉矩認爲：臺地居民盛行改葬習，原係福建漳、泉地方所行之殊俗，而在漳、泉流民所移住之臺灣，亦似極甚。[42]

第二種爲晚期墓葬打破早期墓葬之現象，例見於水交社墓葬群 A 區 B40 墓、B48 墓（見第伍章第二節相關墓葬測繪記錄）。B48 墓直接打破於 B40 墓之上，完全破壞 B40 墓槨頂、西側與南側外槨，B40 墓內必定遭受相當程度毀壞。

誠如本報告第參章所述，府城南郊桂子山墓地早在清領初期已出現埋葬空間擁擠的現象，故有發現日後多次墓區擴張的記錄。而上述考古資料正明確反映了墓區內爭位埋葬的現象。至於史料中所見挖毀舊墓，另葬新墓之記錄，則可追溯至十八世紀六十年代，如乾隆三十二年（1767）福建官方「禁墓佃毀墳盜賣」憲示載：

> 奉巡撫部院崔憲牌：照得掘塚霓棺，情所難宥；棄屍滅迹，法在必誅。功令森嚴，難容違犯。本部院訪聞閩省墳墓所有地土樹石，業主俱託賣地人代為看守，名為墓佃。……倘子孫式微，拜祭愆期，伊則肆無忌憚，恣意摧殘。始則盜砍墳樹，挖石抛磚，繼則洗鑿字跡，毀牌拔界。伺無動靜，公然掘墳丟骨，或虛毀古塚，或假立窨堆，誑稱吉壤，高價肥私。[43]

時至二十世紀初，就日籍學者伊能嘉矩所見，臺灣地區私行挖毀圮廢既存舊墳，繼而在其上重行新葬的現象，仍時有所聞。據伊能氏所載臺灣當時喪葬舊俗，通常是「在初葬後數年之間，即至斂骨改葬止，不立墓碑爲常，故有盜挖情形，但犯者爲誰難於知悉，因此有公佈懸賞搜索之事。」[44]不僅如此，伊能氏更進一步例舉了當時受害墓主家屬所刊佈告內容：

> 啟者，某庄何埔有何某祖墓一穴，坐西向東，四至各豎石打字為界，今未

---

[41] 乾隆二十四年（1759）「嚴禁爭墳」示禁，收於未標撰人，《福建省例（上冊）》，臺灣：大通書局，1984 年，頁 435-437。

[42] 伊能嘉矩（1928），江慶林等譯，《臺灣文化志 中卷》，臺中：臺灣省文獻委員會，1991 年，頁 201。

[43] 未標撰人，《福建省例（上冊）》，臺灣：大通書局，1984 年，頁 447-448。

[44] 伊能嘉矩（1928），江慶林等譯，《臺灣文化志 中卷》，頁 200。

知熟人，私行棺木在我何某祖墓上而偷葬，若有諸親朋友知其偷葬之人
者，速向某街何某通報，賞格銀若干，謹此佈知。[45]

第三種為日據時期以後，府城南區土地利用發生變化，本區由傳統喪葬空間
轉變為居住生活空間所造成之破壞。二十世紀初期日本政府開始遷移本區墓葬，
持續修建學校、軍隊宿舍，以至於眷村等建築的整地開發行為，使得原先埋藏於
地下的早期墓葬，逐漸暴露而遭到毀壞。就水交社社墓葬群出土現象觀之，部份
墓葬可見直接被疊壓於水交社眷舍建築基址之水泥鋪面下，而所見各類相關墓塋
結構，皆已遭不同程度毀損。至於絕大部份墓碑，亦完全脫離了原先埋藏之空間
脈絡。水交社墓葬群因土地開發而遭毀壞的現象，從日據時代持續至今日，以本
次水交社重劃區工程為例，相關地下管線鋪設與挖方取土工程作業，對墓葬造成
了一定程度的破壞，如 A 區 B1 墓在搶救清理記錄後，隨及遭工程單位挖除，墓
葬位置標定僅存二度分帶座標。另有工程單位在 B 區施工時發現 B1 墓、B2 墓
後，為求達成工程進度，未經通報現場考古監控人員，徑行挖毀破壞墓葬，導致
出土遺跡現象與遺物流失。

第四種為後世人為蓄意盜墓擾亂。搶救調查水交社墓群中，尚見不乏後世人
為盜擾現象。以 A 區 B4 墓為例，三合土外槨中段偏東處可見人為鑽敲圓孔，長
寬僅約 34×24cm。棺槨內積土為細質淺黃沙土，但東側孔洞內及其周邊積土則呈
現深褐色且夾雜三合土碎塊，與周邊土色差異極大。孔洞內積土中發現瓷器破片
一件，屬二十世紀前半印花青花瓷（編號 PB-0134），為日本風格「判印手」瓷
器（圖 7-2-1）。墓內人骨僅後半(西側)下肢骨稍完整，前半(東側)上肢人骨殘碎
稀少。根據上述現象研判，B4 墓外槨所見圓孔應屬人為蓄意擾亂之「盜洞」，B4
墓下葬年代約在十七世紀晚至十八世紀初，而遭盜擾時間可能是在二十世紀前
半。表 7-2 中，九座三合土槨頂遭破壞墓葬，可知三合土槨頂遭破壞面積僅千餘
平方公分者，如 A 區 B7 墓、B23 墓、B 區 B8 墓，槨頂開孔面積甚小，如為撿
骨則難於清理取收，且其孔洞外觀大抵類似 B4 墓，故其性質應同樣屬盜洞。

---

[45] 引同前註。

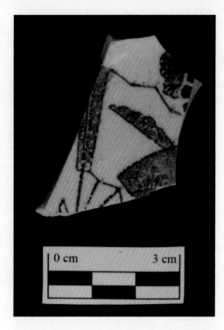

圖 7-2-1：判印手青花瓷破片（PB-0134）

表 7-2：水交社墓葬槨頂造破壞面積及其被擾亂性質

墓葬編號	槨頂遭破壞位置	槨頂遭破壞面積（平方公分）		擾亂性質	備註
SJS-A-B4	墓葬中段偏東	816		盜洞	發掘紀錄
SJS-A-B5	墓葬中段	3173.5		可能為盜洞	外槨測繪
SJS-A-B6	墓葬中段	5071		撿骨	發掘紀錄
SJS-A-B7	墓葬中段	1074		盜洞	外槨測繪
SJS-A-B10	墓葬中段偏北	3386.9		可能為盜洞	外槨測繪
SJS-A-B14	墓葬東面	420	總	可能為盜洞	外槨測繪
	墓葬中段	2303.3	2723.3		
SJS-A-B20	墓葬東南面	6556.9	總	撿骨	外槨測繪
	墓葬西北面	2419.4	8976.3		
SJS-A-B23	墓葬中段偏北	604		盜洞	外槨測繪
SJS-B-B8	墓葬中段偏東	1376		盜洞	外槨測繪

三、墓室構築與葬法

　　水交社出土墓葬大體反映了十七世紀晚期至十九世紀臺灣漢人墓葬構築工法與葬法，皆為豎穴土坑，外槨為三合土澆漿填築，木質內棺，以仰身直肢葬為主。至於墓葬之軸向（座向）與頭向，就本次紀錄與搶救之墓葬而言，（見表 7-3）A 區多以朝東為主，而其中又以軸向東南東－西北西，頭向朝東南東佔大多數，少數墓葬軸向為北北西－南南東，頭向朝北北西。B 區多軸向朝東北方，頭向有朝東北東、北北東、東北者。

表 7- 3：水交社墓葬軸向與頭向登錄表

A 區墓葬				B 區墓葬			
墓葬軸向	數量	頭向	數量	墓葬軸向	數量	頭向	數量
北北西-南南東	4	北北西	2	東南-西北	1	＊	＊
東南東-西北西	14	東南東	8	北北東-南南西	1	北北東	1
東北東-西南西	2	東北東	1	東北東-西南西	3	東北東	2
南南東-北北西	2	南南東	1	東北-西南	2	東北	1
東-西	1	東	1				

　　水交社墓葬之墓室構築方法如下：先挖一土坑，壙底剷削平整。底面施作方式有二，第一種數量極少，僅見於水交社墓葬群 B 區少數墓葬。其作法為先澆漿三合土構成壙底後，再置放四角墊底磚，用以平穩安置棺柩。棺木下壙前，四角墊底磚上各放置銅錢一枚；以水交社墓葬群 B 區 B2 墓葬為例，（圖 7-3-1），壙底澆漿後塗抹整平，三合土厚度約四公分，墊底磚上所置銅錢皆為「永曆通寶」，而壙底抹面四周可見之後澆灌外槨四壁時所滲入之三合土。

　　第二種為施作方式較為普遍，壙底僅以白灰鋪平；以水交社墓葬群 A 區 B4 墓葬為例，壙底所鋪撒粉狀白灰，灰面之上可見腳掌踩踏鋪整痕，（見墓葬登錄圖 A-B4-5）再置放四角墊底磚，墊底磚上均置放銅錢與鐵釘各一。

　　其後將木質棺柩下壙，窆之於墓穴。棺木形制大抵為前寬後窄，前後檔內凹四方，部份木棺之棺板兩廂及棺蓋可見明顯呈弧狀結構者。棺木之製作，多以鐵釘釘合，而就特定墓葬出土人骨狀況判斷，部份清代木棺之尺寸形制似乎有規格化、制式化的現象（見本章第八節所述）。

　　木棺下壙後直接澆灌三合土做為外槨。根據晚明《天工開物》所載，用於墓葬與構築與儲水池之三合土成份為：「灰一分，入河砂、黃土兩分，用糯米、粳米、羊桃藤汁和勻，輕築堅固，永不隳壞，名曰三合土。」[46]至於近代針對台灣傳統「灰縫」的研究與田野調查，則知民間匠師所稱三合土原料是以白灰（蚵灰或石灰，即碳酸鈣）、黏土、糖漿、糯米漿、貝殼粉、海菜等材料按照一定比例

---

[46]（明）宋應星，《天工開物》，「卷中 燔石」台北：中華叢書委員會，1955 年，頁 280-281，

混拌而成。[47]部份水交社墓葬外槨表面尚可見拌入瓷片，用以加強結構硬度。（圖7-3-2）三合土之質地依其原料篩選精粗，品質亦有所差異，此現象可能與墓葬營造者的社會地位或財力有關。清代蔣元樞〈建設義塚殯舍碑記〉曾提及「埋填棺塚，則有傭工買灰陌、褚盂飯之費。」[48]同樣的狀況在閩南地區亦有所見，如安溪地區作壙之法：「凡有力者皆同，量柩大小，以三合土灰舂築……無力者不能舂灰，只開土三面，寬八九寸，以灰土泥填實及蓋頂。」[49]依台南水交社墓葬群所見實例觀之，有硬度極高者，亦有鬆軟易碎者，可知其營造者之間亦存在能力差異。

外槨澆灌填築之施作工法，大抵可分為以下三種類型：

第一類為外槨四壁平滑，轉角方直，呈規整長方形者，其做法可能在三合土漿澆灌時，使用大型木質板模為擋牆，故外槨四邊平順切齊，以 A 區 B23 墓外槨為例，（圖-7-3-3.1）澆注填築時三合土漿完全包覆木棺，而木棺因長時間腐朽後，外槨內壁仍保留木棺外形，例見 A 區 B4 墓東側斷面。（圖-7-3-3.2）至於槨頂未有板模覆蓋，故澆填至槨頂（蓋頂）後呈現不規則凹凸紋理，靠近四邊槨壁處因有板模阻擋而呈現陡直尖角。

第二類外槨外觀呈蘑菇狀，以 A 區 B7 墓外槨為例，（圖-7-3-3.3）槨身下窄逐漸上寬，至槨頂處最寬處有一明顯轉折線，頂面則呈現弧狀隆起。其做法可能是以三合土漿直接澆填土壙之內，故槨身外觀反映了壙穴內下小上大的容積特徵。三合土漿澆至地表後，持續倒灌以增加槨頂厚度，故呈現弧狀隆起造形。

第三類外槨四壁尚稱平直，表面可見磚砌痕跡，以 A 區 B10 墓外槨為例，（圖7-3-3.4）砌法有平接疊砌，亦見錯縫丁順砌，可知外槨澆漿填築前，先以磚砌擋牆圍攏四邊，故三合土外槨四壁留下明顯磚砌痕。

---

[47] 周志明，《台灣傳統砌體建築「灰縫」之基礎研究》，國立雲林科技大學文化資產維護研究所碩士論文，2002 年，未出版，頁 25；王新衡，《台灣傳統磚砌建築灰縫材料特性之研究》，國立雲林科技大學文化資產維護研究所碩士論文，2003 年，未出版，頁 19。

[48] （清）謝金鑾、鄭兼才，《續修臺灣縣志》「卷之七　藝文(二) 記賦 記」，頁 513-514。

[49] （清）莊成，《安溪縣誌》（乾隆二十二年重修）「卷四 禮制」，台北：台北市安溪同鄉會，1967年，頁 83。

目前所紀錄之水交社墓葬群墓室構築方式，時間可上溯至明鄭時期，並延續至清領時期的二百餘年，台南縣出土同類考古清代漢人墓葬遺跡，曾見於南科國小遺址（圖7-3-4），[50]可見清代台灣南部漢人喪葬儀式，具有一定模式與規範。而對於此一明清時期台灣漢人墓葬構築之法的深入認識，不僅可對應於過去歷史學者對於明鄭至清代「壙式」墓的看法，[51]同時累積更多形制特徵、現象紀錄與相關數據資料，有助於理解台灣漢人傳統喪葬禮俗之變遷歷程。

圖 7-3- 1：水交社墓葬群 B 區 B2 墓葬結構

---

[50] 陳有貝，《南科國小北側坐駕排水滯洪池工程文化遺址搶救計畫報書》，委託單位：台南縣政府，執行單位：國立台灣大學人類學系，2005 年，圖版 18，頁 35。

[51] 朱鋒，〈臺灣的明墓雜考〉，《台南文化》，第三卷第二期，1953 年，頁 44-55。

圖 7-3- 2：拌入三合土的瓷片

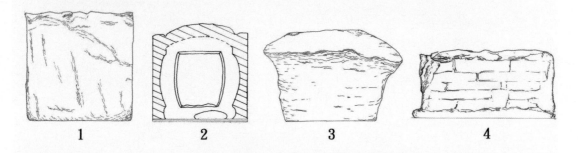

圖 7-3- 3：水交社 A 區 B23 墓外槨測繪圖

圖 7-3- 4：台南縣南科國小出土的漢人墓葬

四、水交社墓葬群出土陶瓷

水交社墓葬群所出土陶瓷遺物，可分為高溫瓷器、高溫硬陶、低溫紅陶三類。若以功能取向區別其類型，則可分為餐飲食用器、儲藏裝盛容器、喪葬用明器、建築用材共四類。下文例舉其中具有代表性者，考證其年代、產地及相關文化脈絡。

水交社墓葬群所出餐飲食用器，包括高溫釉下青花瓷、青瓷、白瓷、紫砂陶等，器形可分為碗、杯、盤、茶壺等器類。其中年代較早者，以編號PB-0136秋葉紋青花盤（青花II式盤）為例，屬典型十七世紀後半中國南方青花瓷，亦為明鄭時期至清初臺灣島內常見之日用陶瓷器類之一。同型器物可見於高雄左營鳳山舊城遺址、[52]臺南安平熱蘭遮城遺址、[53]臺南新市社內遺址（圖7-4-1）等地。[54]其它水下考古發現之同類青花盤，則可見於福建東山島冬古灣沉沒之明鄭戰船遺物（圖7-4-2），[55]以及1690年代失事於越南南部海域之Vung Tau沉船等。[56]此類青花盤盤心秋葉紋旁多有豎寫詩文，部份尚可見康熙時期的干支紀年。以社內遺址秋葉紋盤為例，盤心所題「太平年興 丙辰秋記」銘經考證應為清康熙十五年（南明永曆三十年），西元1676年。[57]臺灣出土的秋葉紋盤幾乎皆為來自福建或廣東窯場，目前所見燒造窯場有福建漳州詔安縣朱厝窯、[58] 平和縣五寨鄉洞口窯、[59] 安溪縣朱塔窯、[60] 華安縣東溪窯、[61] 廣東東部大埔縣水尾窯、[62] 香港大

---

[52] 臧振華、高有德、劉益昌，〈左營清代鳳山縣舊城聚落的試掘〉，《中央研究院歷史語言研究所集刊》，第六十四本第三分，1993年，頁781-782、圖版25、26、40。

[53] 傅朝卿、劉益昌等，《第一級古蹟台灣城殘跡（原熱蘭遮城）城址初步研究計畫成果報告書》，臺南：臺南市政府，2003年，頁2-78、圖版66。

[54] 李匡悌，《三舍暨社內遺址受相關水利工程影響範圍搶救考古發掘工作計劃期末報告》，台北：中央研究院歷史語言研究所，2005年。

[55] 陳立群，〈東山島冬古沉船遺址初探〉，《福建文博》，第39期，2001年1期，頁33-39。

[56] Christiaan J. A. Jörg & Michael Flecker, *Porcelain from the Vung Tau Wreck* (UK: Sun Tree Publishing, 2001,) p. 80.

[57] 盧泰康，《十七世紀臺灣外來陶瓷研究－透過陶瓷探索明末清初的臺灣》，國立成功大學歷史學研究所博士論文，2006年，頁232-233；盧泰康〈臺澎地區出土十七世紀漳州窯青花瓷〉，《陳昌蔚紀念論文集》，台北：財團法人陳昌蔚文教基金會，2009年，頁247-248。

[58] 福建省博物館，《漳州窯》，福州：福建人民出版社，1997年，圖版十六-5、四三。

[59] 福建省博物館，《漳州窯》，頁14、圖七-10。

[60] 葉清琳，〈安溪青花瓷器的初步研究〉，收於 Ho Chuimei ed., *Ancient Ceramic Kiln Technology in*

埔碗窯等。[63]

　　編號PB-0078 纏枝靈芝紋青花碗（青花 I 式碗）。具有類似紋飾且年代明確的青花碗盤，可見於海外發現之Diana號沉船（沉沒於西元 1817 年）、[64]Tek Sing號沉船，（沉沒於西元 1822 年，見圖 7-4-3）[65]以及中國本地江西萬安出土乾隆乙卯年（西元 1795 年）紀年墓。[66]至於臺灣各地歷史時期考古遺址亦多有出土，例如嘉義新港板頭村遺址、[67]新竹市雞卵面墓區同治九年（西元 1870 年）武信郎李存軒墓、[68]宜蘭淇武蘭遺址等（圖 7-4-4）。[69]根據分析研究，此類碗盤具體年代應在清乾隆至道光之間，即十八世紀中後期至十九世紀前期。[70]而就紋飾內容、製作工藝特徵可知此類青花碗產地應爲閩南地區，以德化窯爲代表，[71]安溪窯亦有燒造。[72]其他年代、產地與纏枝靈芝紋青花碗略同者，尚有編號PB-0001梵文青花小杯（ I 式杯），亦普遍發現於台灣各地清代遺址。

　　編號PB-0024 花草紋青花碗（青花Ⅲ式碗），同類器曾出土於新竹市雞卵面義塚李存軒墓。[73]燒造窯口應爲閩南華安東溪窯（圖 7-4-5），[74]或漳州市南靖窯[75]

Asia (Hong Kong: Center of Asian Studies, University of Hong Kong, 1990)，頁 83、圖版一-7；同上註，圖版六九-7。

[61] 栗建安，〈東溪窯調查紀略〉，《福建文博》，1993 年 1-2 期，頁 142、圖七。

[62] 楊少祥，〈廣東青花瓷初探〉，收於 Ho Chuimei ed., *Ancient Ceramic Kiln Technology in Asia* (Hong Kong: Center of Asian Studies, University of Hong Kong, 1990,) pp. 3-7.

[63] 香港文化博物館編，《香港大埔碗窯青花瓷窯址－發掘與研究》，香港：香港文化博物館，2000 年，頁 65、彩圖 116。

[64] Christie's Amsterdam, *The Diana Cargo*, (Cornelis Schuytstraat, Amsterdam: Christie's Amsterdam, 1995,) p. 123.

[65] Nagel Auctions, *Tek Sing Treasures*, (Stuttgart, Germany: Nagel Auctions, 2000,) p. 112.

[66]余家棟，《江西陶瓷史》，開封：河南大學出版社，1997 年，頁 483-484、圖片 221。

[67] 何傳坤、劉克竑、陳浩維，《嘉義縣新港鄉板頭村遺址考古試掘報告》，財團法人新港文教基金會，1999 年，圖版。；何傳坤、劉克竑主編，《板頭村遺址標本圖鑑：清代諸羅縣笨港縣丞署出土遺物》，臺中市：自然科學博物館，2004 年，頁 5、6。

[68] 李匡悌，《靈魂與歷史的脈動－論國立清華大學仙宮校區的墓葬形制和重要出土文物》，新竹：國立清華大學，2004 年，頁 163。

[69] 陳有貝、邱水金，《淇武蘭遺址搶救發掘報告 4》，頁 169，圖版 239。

[70] 謝明良，〈對於嘉義縣新港鄉板頭村遺址出土陶瓷年代的一點意見〉，《臺灣史研究》，第九卷第二期，2002 年，頁 203-224。

[71] 陳建中，《德化民窯青花》，北京：文物出版社，1999 年，頁 34、38、49。

[72] 曾凡，《福建陶瓷考古概論》，福州：福建省地圖出版社，2001 年，頁 69、74、75。

[73] 李匡悌，《靈魂與歷史的脈動－論國立清華大學仙宮校區的墓葬形制和重要出土文物》，頁 152。

[74] 林焘、葉文程、唐杏煌、羅立華，〈福建華安下東溪頭窯址調查簡報〉，《東南文化》，1993 年 1 期，頁 230、圖版參-2；吳其生、李和安，《中國福建股陶瓷標本大系－華安窯》，福州：福建美術出版社，2005 年，頁 152。

[75] 吳其生，《中國福建古窯址標本大系－南靖窯》，福州：福建美術出版社，2005 年，頁 137。

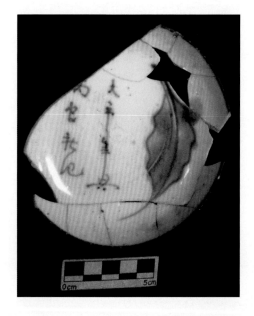
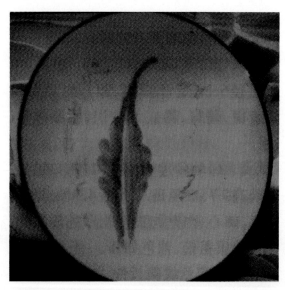

圖 7-4- 1：社內遺址出土一葉知秋紋青花盤　　圖 7-4- 2：福建東山島多古灣沉沒明鄭戰船遺物
（SN-PV-36）

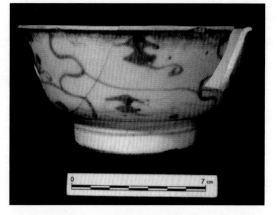

圖 7-4- 3：Tek Sing 號沉船出水　　　　　圖 7-4- 4：宜蘭淇武蘭遺址出土
纏枝靈芝紋青花碗　　　　　　　　纏枝靈芝紋青花碗

圖 7-4- 5：新竹市雞卵面義塚李存軒墓　　圖 7-4- 6：Tek Sing 號沉船出水
出土花草紋青花碗　　　　　　　　湖石牡丹紋青花盤

編號PB-0077 湖石牡丹紋青花盤（青花 I 式盤），Tek Sing號沉船中可見大量此類杯盤銷售海外（圖 7-4-6）。其產地應來自閩南地區，漳州市南靖窯，[76]安溪龍涓銀坑窯以及華安東坑庵窯皆曾生產類似紋飾青花杯、盤。[77]

編號PV-0001 青瓷盤（青瓷 I 式盤），就其器形、釉色、圈足切法、胎皮灰褐等特徵，應非浙江龍泉窯產品，產地來源可能仍在閩南，漳州市南靖窯曾燒造同類青瓷碗、盤，年代屬清代（圖 7-4-7）。[78]本青瓷盤與紫砂茶壺共出於墓葬中，可能為茶具中之茶盤、茶船或茶海，閩南地區清代墓葬出土茶具中，常見茶壺、茶杯、茶盤成組共出。清初以後漳州地區所用茶盤甚為講究，器形以盤內底寬平，斜直壁，圈足低矮者為主，而部份飲茶之人講究更甚者，冬夏用器亦有差別，冬天宜深，盤中能聚熱水以溫壺（圖 7-4-8），夏天則不宜水，以利散熱。[79]而器形較寬淺之茶盤，亦可用來擺放多件茶杯。水交社出土青瓷茶盤，器壁較深器底較窄，功能應為溫壺之用。

編號WV-0006 紫砂茶壺，缺蓋，胎色深褐，依其器身造形特徵判斷，原應屬梨形圓壺，為江蘇宜興所製。海外所見十八世紀中期至十九世紀前半清代沉船資料中，可見各式中國宜興茶壺輸出，例如西元 1752 年沉末於南中國海之Geldermalsen號（圖 7-4-9）、[80]西元 1822 年Tek Sing號沉船（圖 7-4-10），[81]皆有類似造型之宜興梨形紫砂壺或朱泥壺。至於器底帶「逸公」款銘之宜興壺，則有1990 年代初江蘇無錫出土「煙水雲海　逸公」紫砂壺（圖 7-4-11）。[82]福建漳浦縣博物館藏「每懷風雨故人來　逸公」款紫砂壺（圖 7-4-12）[83]。台灣雲林北港朝天宮中央市場出土各類清代陶瓷遺物中，亦曾見方框篆體「乾隆　逸公」印章

---

[76] 吳其生，《中國福建古窯址標本大系－南靖窯》，頁 123－124。
[77] 曾凡，《福建陶瓷考古概論》，頁 66、73；吳其生、李和安，《中國福建股陶瓷標本大系－華安窯》，頁 147。
[78] 吳其生，《中國福建古窯址標本大系－南靖窯》，頁 55、63。
[79] 王文徑，〈閩南茶俗與紫砂壺（上）〉，《典藏 古美術》No. 138，2004 年 3 月，頁 87。
[80] Sheaf, Colin & Richard Kilburn. *The Hatcher Porcelain Cargoes* (Oxford: Phaidon, Christie's Ltd., 1988,) p. 18.
[81] Nagel Auctions, *Tek Sing Treasures*, (Stuttgart, p.276, TS 243
[82] 張浦生，〈介紹一批墓葬出土明清宜興紫砂茗壺資料〉，《故宮文物月刊》，第 16 卷 2 期，總 182 期，1989 年，頁 23。
[83] 王文徑，〈閩南明清葬俗和紫砂壺〉，《東南文化》2007 增刊，頁 71-82。

款朱泥壺（圖 7-4-12），[84]以及陰刻「八月湖水平　逸公」款朱泥壺（圖 7-4-13）。
[85]清代製壺名家之中，惠逸公活耀於十八世紀，繼承製作小壺傳統，成就直追惠
孟臣，二人並稱「二惠」。[86]

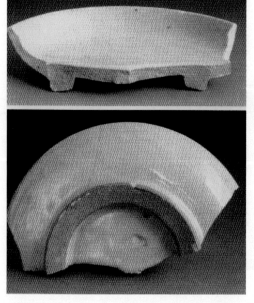

圖 7-4- 7：漳州市南靖窯燒造的青瓷盤　　　　圖 7-4- 8：清初以後漳州地區所用茶盤

圖 7-4- 9：Geldermalsen 號沉船的宜興茶壺　　　圖 7-4- 10：Tek Sing 號沉船的宜興茶壺

---

[84] 蔡承祐主編，《笨港出土文物》，雲林：雲林縣笨港合和民俗發展協會，2001 年，頁 188。
[85] 盧泰康，「雲林縣北港鎮朝天宮出土陶瓷器專題研究計畫」整理資料，2001，未刊稿。
[86] 李景康、張虹，《陽羨砂壺圖攷》，轉引自謝瑞華，〈宜興壺的造型與紋飾〉，收於《宜興陶藝》，
香港：香港市政局，1981，頁 38。

圖 7-4- 11：
江蘇無錫出
土器底帶
「逸公」款
銘之宜興壺

圖 7-4- 12：福
建漳浦博物館
藏「每懷風雨
故人來　逸
公」款之紫砂
壺

圖 7-4- 13：方框篆體「乾隆　逸公」印章款朱
泥壺

圖 7-4- 14：陰刻「八月湖水平　逸公」款朱泥
壺

　　青花瓷Ⅱ式杯，以編號PB-0027、PB-0143 青花杯為例，為所有出土餐飲食
用陶瓷中年代最晚者，屬二十世紀前半日據時期之物，此圓筒形茶杯或茶碗為日
本餐飲陶瓷中常見造形，日語稱為湯吞み（ゆのみ）。據日本陶瓷學者野上建紀
博士判定，編號PB-0143 青花杯應為日本瀨戶美濃窯燒造；編號PB-0027 青花杯
器底有「歧 390」款，屬「統制陶器」，依其代碼與編號亦可確定為日本美濃窯
產品，年代約在 1920 年代至 1940 年代。[87]

　　儲藏裝盛容器，為日常生活中儲藏食物或裝盛液體之容器，可分高溫硬陶、
低溫紅陶兩類。編號WV-0001 黃褐釉罐（高溫硬陶二式罐），為台灣常見之清代
大陸輸入陶罐，民間至今仍尚存不少傳世收藏，同類考古出土器物亦見澎湖將軍
號沉船（圖 7-4-15）、[88]宜蘭淇武蘭遺址（圖 7-4-16）。[89]將軍號沉船所出文物年

---

[87] 感謝日本學者野上建紀博士於 2009 年 10 月 15 日代為判定上述日本瓷器，特此誌謝。
[88] 國立歷史博物館編輯委員會，《澎湖將軍一號沉船水下考古展專輯》，台北：國立歷史博物館，

代上限約在乾隆朝，[90]下限則要晚至道光年間，[91]可做爲本器所屬年代之參考，至於其產地則可能來自閩、粵一帶。

編號WF-0001 低溫厚唇罐（紅胎無釉漏罐），應爲台灣本地燒造，同類造形與質地特徵者，可見於台南縣歸仁窯窯址（圖 7-4-17），遺物年代爲十八世紀至十九世紀前半，約清乾隆朝至嘉慶、道光左右。[92]另根據相關研究成果顯示，此類陶罐多用於製糖業承接蜜水，故稱爲「糖漏」、「漏罐」（圖 7-4-18），文獻舊稱「漏碾」或「漏鍋」。[93]儘管如此，本類陶罐應不只用於製糖工業，由於其爲台灣本地生產，不僅製法簡單、生產成本低廉，且具備相當裝盛功能，故常做爲本地居民日常生活中各種實用容器。

水交社出土喪葬用陶瓷，以高溫硬陶Ⅰ式罐爲代表，以標本編號WV-0002、WV-0004 醬釉罐爲例，器身高大瘦長，器表多施有醬釉或褐釉，功能爲二次葬撿骨後裝盛用陶器（圖 7-4-19），台灣民間俗稱「拾骨」或「洗骨」，而本式罐則名之爲「金斗」甕或「長磴」，[94]十八世紀中乾隆時期福建漳、泉等地則稱此類陶器爲「金罐」。[95]新竹市雞卵面墓區所出土類似喪葬用途硬陶罐（圖 7-4-20），內壁可見自銘墨書或朱書道光朝、光緒朝者（十九世紀）。[96]依照此類陶罐燒製工藝特徵與清代台閩兩地貿易狀況研判，其產地可能來自閩南地區。

水交社出土建築用陶瓷，以紅磚爲代表，做爲墓葬內之墊底磚者，與紀年銅錢共出，可爲台灣明鄭、清初、清中期、晚清等各時期的紅磚製品，提供更多年代較爲準確的實物案例。例如水交社B區B1、B2 墓年代屬明鄭時期，二墓所出

2001 年，頁 66-67。
[89] 陳有貝、邱水金，《淇武蘭遺址搶救發掘報告 4》，頁 210，圖版 475。
[90] 林淑心，〈澎湖「將軍一號」古沉船出水文物探析〉，《歷史月刊》，2002 年 2 期，頁 19
[91] 謝明良，〈記澎湖將軍一號沉船中的陶瓷〉，《故宮文物月刊》，第 19 卷 10 期，2002 年，頁 37。
[92] 黃翠梅、李匡悌、盧泰康，《臺南縣歸仁鄉歸仁窯遺址第二期學術調查與研究計劃》，委託單位：臺南縣文化局，執行單位：國立臺南藝術大學藝術史學系，2006 年，頁 99；黃翠梅、李匡悌、盧泰康，《十三窯傳奇－歸仁窯考古與研究成果集》，台南：國立臺南藝術大學藝術史學系。
[93] 盧泰康，《臺灣傳統白糖製造技術與其關鍵陶質工具》，《成大歷史學報》，第 28 期，2005 年，頁 124-126。
[94] 杵淵義房，《台灣社會事業史》，頁 89。
[95] 乾隆二十四年（1759）「嚴禁爭墳」示禁，收於未標撰人，《福建省例（上冊）》，頁 437。
[96] 李匡悌，《靈魂與歷史的脈動－論國立清華大學仙宮校區的墓葬形制和重要出土文物》，頁 14、79。

墊底磚尺寸與台南六甲果毅後明蔣鳳墓（西元 1674 年）出土燕形磚尺寸不甚相同，[97]顯示台灣各歷史時期紅磚尺寸數據，尚需持續累積相關資料。

綜上所述，極少數水交社墓葬群出土陶瓷可上溯至十七世紀晚期，絕大部分為清代十八至十九世紀之物，另有少部份瓷器可歸於二十世紀前半日據時期。這些陶瓷的產地輸入來源，以福建南部地區為主，窯口包括泉州晉江流域的德化、安溪，漳州的華安、南靖等地。至於台灣本地所產陶瓷，則以無釉磚胎低溫陶器為主，器種包含厚唇罐（漏罐）與各種尺寸紅磚建材。水交社墓葬出土陶瓷不僅清楚呈現了清末連橫《台灣通史》所稱：臺地「盤盂杯碗之屬，多來自漳、泉，其佳者則由景德鎮，唯磚甓乃自給爾。」之說，[98]同時對各類陶瓷的特徵、產地與年代研究，提供了具體的實物資料。

水交社出土陶瓷，包含餐飲食用器、儲藏裝盛容器，喪葬用明器以及建築用材，大體反映了台灣居民日常生活的各種面向。以上所述各類陶瓷中，以茶具最為特殊，過去臺灣各地清代遺址出土宜興茶壺頗有一定數量，而此次水交社墓葬出茶具，則進一步透露了清代台灣茶飲器具的源流與發展狀況。閩南地區產茶歷史悠久，茶俗以功夫茶為最，功夫茶茶具則重宜興紫砂或朱泥小圓壺，目前閩南出土之眾多茶壺，大多具有「小、淺、平、老」特徵，即茶壺尺寸小，約 5 公分上下，器身扁矮，呈鼓型或扁梨形，流、口、執頂點一致稱「三山平」，且尚舊傳老壺，故器底常見孟臣、逸公、思亭等多種名家款識（圖 7-4-21）。[99]水交社墓葬所出紫砂小壺，符合了上述閩南茶道對茶壺的審美訴求，而青瓷茶盤經考證亦為漳州地區南靖窯所生產（圖 7-4-22）， 二者清楚顯示了清代閩、台兩地飲茶風俗的聯繫。

[97] 黃典權，《蔣鳳墓誌銘研究》，台北：中華叢書編審委員會，1968 年，頁 4。
[98] 連橫，《臺灣通史》，臺北：眾文圖書公司，1979 年，頁 644。
[99] 王文徑，〈閩南茶俗與紫砂壺（上）〉，頁 86-87；王文徑，〈閩南茶俗與紫砂壺（下）〉，《典藏 古美術》No. 139，2004 年 4 月，頁 97。王文徑，〈閩南明清葬俗和紫砂壺〉，《東南文化》2007 增刊，頁 71-82。

圖 7-4- 15：澎湖將軍號沉船的陶罐

圖 7-4- 16：宜蘭淇武蘭遺址出土的陶罐

圖 7-4- 17：台南縣歸仁窯出土的陶罐

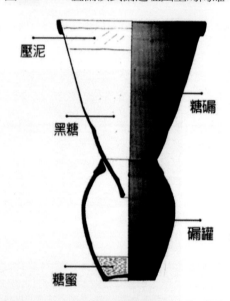

圖 7-4- 18：糖漏與漏罐使用方法復原圖

圖 7-4- 19：水交社出土喪葬用硬陶罐

圖 7-4- 20：新竹市雞卵面墓區出土　　　　圖 7-4- 21：福建墓葬出土孟臣壺及相關器物
　　　　喪葬用硬陶罐

圖 7-4- 22：水交社出土兩件茶具

五、水交社墓葬群出土金屬器

　　水交社墓葬群出土金屬文物，多以銅質裝飾品為主，出土類型包括髮簪、髮冠、戒環、耳墜、銅鏡、墜扣等。其中髮冠與髮簪共出於A區B1墓葬，該墓所出銅錢流通下限應為清初，故反映了十七世紀晚期漢人髮飾特徵。勾形耳墜可分為二式，分別出土於A區B1、A區B6二墓，其中Ⅰ式耳墜，曾出土於宜蘭淇武蘭遺址（圖7-5-1）、[100]臺南縣南科國小遺址之漢人墓葬（圖7-5-2）。[101]同類勾形金質耳墜，則是出土於台南市南郊蛇仔穴所發現之明鄭時期「許懷沖夫婦墓」（圖7-5-3）。[102]勾狀耳墜常見於大陸地區考古出土明代墓葬，而臺南地區出土者，則可追溯至明鄭時期，今水交社墓葬新出土二例，一為清初，一為乾隆時期，顯示台灣地區流行此類勾形耳墜的時間，從十七世紀後半至少延續至十八世紀左右。

　　四乳丁四瑞獸紋銅鏡（編號UT-0001）為仿漢式風格銅鏡，出土於B區B6墓東側前檔胸骨處，該墓年代應屬康熙時期（十七世紀末至十八世紀初）。至於台灣地區漢人墓葬中陪葬銅鏡，可追溯至明鄭時期，如台南南郊蛇仔穴出土「鄭旭初墓」（圖7-5-4）、台南仁德鄉車路墘出土「何光翰墓」。[103]此外，彰化縣八卦山舊墓地（今縣立體育場）亦曾出土陪葬用銅鏡（圖7-5-5）。[104]由上述幾件出土銅鏡實例來看，台灣明鄭至清代做為陪葬用之銅鏡，尺寸偏小，多不超過十公分。

　　水交社墓葬群出土銅質墜扣，多出土於人骨右臂兩側或肩部，且以男性墓主為多。器身中空無開縫，內亦無小球，依造形與特徵差異可分為三式，前彰化縣八卦山舊墓地亦曾出土類似金屬墜扣（圖7-5-6）。[105]此類墜扣為傳統漢人服裝之金屬質扣子，其穿套與脫卻之法例見圖7-5-7，[106]傳世之品中可見造形與出土品

---

[100] 陳有貝、邱水金，《淇武蘭遺址搶救發掘報告5》，宜蘭：宜蘭縣立蘭陽博物館，2008年，頁77-78、圖版311。

[101] 陳有貝，《南科國小北側坐駕排水滯洪池工程文化遺址搶救計畫報告書》，圖版90，頁149。

[102] 盧泰康，〈臺南地區明鄭時期墓葬出土文物〉，《美術考古與文化資產－以台灣地區學者的論述為中心》，上海：上海大學出版社，2008年，頁106-121。

[103] 盧泰康，〈臺南地區明鄭時期墓葬出土文物〉。

[104] 李俊德編，《八卦山史跡文物展圖錄》，彰化：彰化縣立文化中心，1999年，頁62。

[105] 李俊德編，《八卦山史跡文物展圖錄》，頁59。

[106] 行政院客家委員會編著，《客家衣展風華》，臺北：行政院客家委員會，2007年，頁36。

完全相同之 I 式墜扣（圖 7-5-8）、[107] II 式墜扣（圖 7-5-9）。[108]日據時代以後，本類金屬墜扣逐漸消失，轉而使用「布結鈕子」扣合衣衫。

除此之外，本類墜扣也被使用於台灣早期原住民衣飾文化中，但功能已轉變為鈴鐺、撞鈴或排鈴之類的裝飾用途。現存傳統原住民衣飾文物中，多有所見同類之器，例如泰雅族圍兜邊飾、[109]男子與婦女禮服（圖 7-5-10）、卑南族骨簪墜飾（圖 7-5-11），以及阿美族頭飾之中，[110]皆可見 I 式、II 式墜扣與鈴鐺同時被使用，布農族骨簪墜飾則可見類似III式墜扣（圖 7-5-12）。[111] 在臺灣其他地區考古出土案例中，宜蘭淇武蘭遺址出土遺物中「金屬鈴鐺類」之「小圓型II式」銅鈴（圖 7-5-13），[112]即同於本報告所稱 I 、II 式墜扣，由於該遺址屬葛瑪蘭原住民聚落舊址，相關遺物可置於原住民衣飾文化脈絡中討論，故歸於「金屬鈴鐺」分類中應屬合理。但水交社墓葬群出於漢人所屬喪葬墓地，遺物名稱應為「墜扣」以符合漢人服飾所屬文化脈絡。

---

[107] 陳正雄，《清代宮廷服飾》，臺北：國立歷史博物館，2008 年，頁 75。
[108] 行政院客家委員會編著，《客家衣展風華》，頁 37。
[109] 國立歷史博物館編輯委員會編輯，《苧彩流霞—臺灣原住民衣飾文化特展》，臺北：國立歷史博物館，2000 年，頁 128。
[110] 天理大學編集，《天理大學附屬天理參考館所藏：台灣原住民の服飾》，東京都：天理道教友社，1993 年，頁 66、70、124、125、126、127、142、143。
[111] 國立歷史博物館編輯委員會編輯，《苧彩流霞—臺灣原住民衣飾文化特展》，頁 191。
[112] 陳有貝、邱水金，《淇武蘭遺址搶救發掘報告6》，宜蘭：宜蘭縣立蘭陽博物館，2008 年，頁 38-39、166。

圖 7-5- 2：宜蘭淇武蘭
遺址出土的勾形耳墜

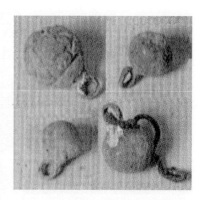

圖 7-5- 1：彰化八卦山舊墓地出
土的類似金屬墜扣

圖 7-5- 3：臺南縣南科國小遺址漢人墓葬出土的勾形耳墜

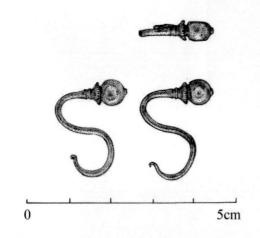

圖 7-5- 4：台南市「許懷沖夫婦墓」出土
的勾形金質耳墜

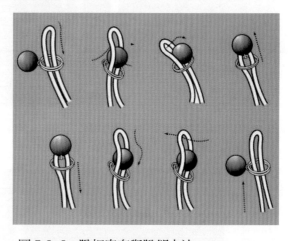

圖 7-5- 5：墜扣穿套與脫卻之法

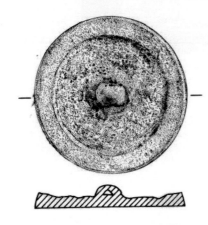

圖 7-5- 6：
台南「鄭
旭初墓」
出土的銅
鏡

圖 7-5- 7：
彰化八卦
山舊墓地
（今縣立
體育場）
出土的
銅鏡

圖 7-5- 8：服飾上的墜扣（傳世品）

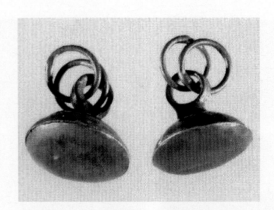
圖 7-5- 9：銅質墜扣（傳世品）

圖 7-5- 10：泰雅族圍兜邊飾

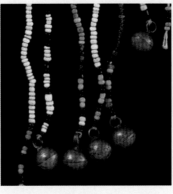
圖 7-5- 11：卑南族骨簪墜飾

圖 7-5- 12：布農族骨簪墜飾

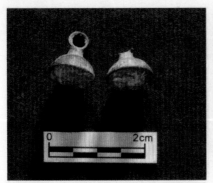
圖版71：金屬鈴鐺，小圓型II式二。

圖版70：金屬鈴鐺，小圓型II式一。

圖 7-5- 13：宜蘭淇武蘭遺址出土的「金屬鈴鐺類」之「小圓型 II 式」銅鈴

六、水交社墓葬群出土錢幣

水交社墓葬群出土錢幣種類多樣，中國鑄錢包含宋代、晚明、南明與三藩、清代各朝，以及多種外國鑄錢。上述各類貨幣以銅錢爲主，且多出土於墓葬，各墓出土數量從數件至十餘件不等，個別墓葬高達二十餘件，其所具備之共出關係，不僅能提供墓葬所屬年代上下限之參考，同時能顯示了各類銅錢在當時流通的一些實際狀況。

以明鄭「永曆通寶」爲例，除一件採集品爲行書體之外，其餘錢文皆爲篆體，且皆出於B區B1、B2墓，不與它類銅錢共出。有關南明所鑄「永曆通寶」銅錢，依其鑄造者與鑄造地之差異，大抵可分爲兩類；一爲南明桂王朱由榔（西元1653-1661年）鑄於大陸廣東肇慶、雲南、廣西桂林等地。另一爲鄭成功、鄭經父子鑄造於日本長崎。[113]桂王朱由榔，號永明王，所鑄之「永曆通寶」，有大小四種，所見傳世者小平、折二、折五、折十（壹分）皆楷書（真書)款。至於鄭氏鑄造者，一般皆稱其銅色幽潤，製作精良，錢文書體有篆、行二種，[114]皆以赤銅鑄造。[115]

儘管歷來中國古錢學研究中對於南明「永曆通寶」已有一定認識，但仍有學者認爲該錢之「書體、銅質、風韻、背面內郭大小闊狹等特徵，尚無法做爲判定大陸或長崎所鑄造之依據。」[116]故台灣明鄭時期墓葬出土之「永曆通寶」，無疑成爲理解十七世紀後半「永曆通寶」鑄造與流通狀況的重要資料。過去台南南郊明鄭墓葬所見「永曆通寶」（圖7-6-1），以篆體爲多，行體次之，且尺寸相當一致，直徑皆在2.8-2.9公分之間，穿徑皆在0.5-0.6之間，[117]水交社墓葬所發現篆體「永曆通寶」，大致與上述舊藏實物一致。篆、行體「永曆通寶」雖非鑄造於

---

[113] 楊雲萍，《南明研究與臺灣文化》，臺北：臺灣風物雜誌社，1993年，頁350。
[114] 丁福寶，《歷代古錢圖說》，上海：上海書店，1994年，頁169。
[115] （清）倪模，《古今錢略》，上海：上海古籍，1992年，頁51-52。
[116] 楊雲萍，《南明研究與臺灣文化》，頁360。
[117] 盧泰康，〈臺南地區明鄭時期墓葬出土文物〉，《美術考古與文化資產－以台灣地區學者的論述爲中心》，頁117-118。

台灣，卻在大量台灣流通，故應視之爲「台灣錢」。[118]此外，閩粵沿海地區沉船資料亦具有參考價值，如在福建東山島所發現沈船，除出水銅、鐵質火砲之外，尚見篆體「永曆通寶」，該錢銅色微紅，光背外徑爲 2.8 公分，穿內徑 0.6 公分（圖7-6-2），[119]尺寸同於台灣發現者，可視爲據守金、廈、台灣的鄭氏集團，在十七世紀後半頻繁活動於閩台沿海地區的相關證據。

有關鄭成功、鄭經父子鑄永曆錢於日本的時間，可見三次史料紀錄。第一次鑄錢爲南明永曆五年（清順治八年，西元 1651 年）12 月鄭成功駐廈門時，受參軍馮澄世建議，「以甥禮遣使通好日本，國王果大悅，相助銅鉛；令官協理，鑄銅煩、永曆錢、盔甲、器械等物。」[120]第二次爲永曆二十年（康熙五年，西元 1666 年）7 月，鄭經初治台灣的第三年，令部將忠振伯洪旭：

> 別遣商船前往各港，多價購船料，載到臺灣，興造洋船，鳥船，
>
> 裝白糖、鹿皮等物，上通日本，製造銅煩、倭刀、盔甲，並鑄永
>
> 曆錢，下販暹羅、交趾、東京各處以富國。[121]

第三次爲永曆二十八年（康熙十三年，西元 1674 年）鄭經從台灣渡海西征，正式收復金門、廈門二島。鄭經坐鎮廈門期間，「差兵都事李德，駕船往日本，鑄永曆錢，並銅煩、倭刀器械，以資兵用。」[122]至於永曆通寶在台灣流通使用之下限，應持續至清領初期，如當時諸羅知縣季麒光即建議：

> 臺灣民番雜處，家無百金之產，各社番人不識銀等，其所謂買賣者，不過
>
> 尺布、升鹽、斗粟、斤肉耳，勢必野絕肩挑，市無收販，煢煢小民實所難
>
> 堪。竊思功令不得不遵行，而民情不容不體卹。查漳、泉等處，尚有老錢
>
> 金錢未盡革除，況台灣兩隔重洋，更非內地所可同語，古者一道同風，必
>
> 俟三年。今臺灣聲教所通，而耳目未盡改觀，性情未盡感孚，又非同僞鄭

---

[118] 王京良，〈鄭氏時代台灣貨幣流通之探討及考正〉，《台灣銀行季刊》1961 年第 12 期，頁209-213。

[119] 陳立群，〈東山島多古沉船遺址初探〉，《福建文博》，第 39 期，2001 年，頁 36。

[120] （清）江日昇，《臺灣外記》，臺北：臺灣大通書局，1984 年，頁 123。

[121] （清）江日昇，《臺灣外記》，頁 237。

[122] 同上註，頁 267。

之時，興販各洋，以滋其利源，若一旦禁革舊錢，不特分釐出入，輕重難平，抑且使從前之錢竟歸無用，民番益貧且困。[123]

到了康熙二十七（西元 1688 年）年福建巡撫張仲與，終因臺灣使用「明桂王偽號錢」（永曆錢）甚多，又「苦一時驟行全禁，貧民無以為資」，終於決定「疏請開爐鼓鑄，收買偽錢銷燬改鑄，經部議准行，令設爐開鑄，背鑄臺字（康熙通寶）。」[124]如此一來，西元 1688 年以後臺地流通之南明永曆「偽」錢，在官方有計畫「收買」、「銷燬」並改鑄新錢之政策下，流通數量必定大為減少，故《福建貨幣史略》稱：鄭氏所鑄「永曆通寶」，由於多次鑄造，版別較多，但銷燬量大，有存世較少之說。[125]

水交社墓葬群所出土「洪化通寶」，為吳三桂孫世藩（西元 1679-1681 年）所鑄，出土於A區B1、B25 墓，為首次台灣墓葬考古出土實例。其與台南府城舊藏數件「洪化通寶」相較（圖 7-6-3），[126]尺寸大致相同，惟重量稍重於後者。三藩吳周所鑄銅錢錢入清後在臺地仍流通了相當長的時間，且頗有一定數量，如水交社墓群B25 墓所見「洪化通寶」，與十八世紀安南銅錢共出。而雲林古笨港遺址「崩缺溪」地點，為清末遭洪水淹沒之笨港街市遺跡，該地點考古發掘所獲銅錢中，共有 25 件吳周所鑄銅錢，其中洪化通寶即佔十二件之多。[127]

水交社墓葬群所出土「康熙通寶」可分兩種，一為大陸內地各省所鑄，另一為台灣本地所鑄，錢背有「臺」字。水交社出土背文「臺」字康熙通寶數量頗多，以A區B6 墓為例，該墓所出 24 枚銅錢中，除三件無法辨識外，其餘皆為康熙通寶，而其中又有超過半數為背文「臺」字者。「臺」字康熙通寶鑄造時間為康熙二十八年（西元 1689 年） 三月至四月間，康熙帝「命臺灣府開爐鼓鑄」。[128]連

[123] （清）陳壽祺，《道光福建通志臺灣府（上）》，臺北：文建會，2007 年，頁 261。
[124] 唐與昆，《制錢通考》「錢一」，北京：中央民族大學出版社，1994 年，頁 17。
[125] 福建省錢幣學會編著，《福建貨幣史略》，北京：中華書局，2001 年，頁 53-54。
[126] 盧泰康，《府城登錄古文物研究計畫－明鄭時期文物清查與分級建議期末報告》，委託單位：台南市政府文化觀光處，執行單位：國立臺南藝術大學藝術史學系，2009 年。
[127] 何傳坤、劉克竑，〈古笨港遺址出土銅錢之研究〉，《海域物質文化交流：十六至十八世紀歐洲與亞洲東南亞的文化互動」國際研討會》，臺北：中央研究院歷史語言研究所、中央研究院人社中心考古學研究專題中心，2007 年。
[128] 馬齊等，《清實錄 聖祖實錄（二）》，卷一四〇，北京：中華書局，1985 年，頁 543。

橫《臺灣通史》稱：

> 康熙二十七年，福建巡撫奏請臺灣就地鑄錢，部頒錢模，文曰康熙通寶，陰
> 畫臺字以為別。是時天下殷富，各省多即山鑄錢，唯臺錢略小，每貫不及六
> 斤，故不行於內地，商旅得錢，必降價易銀歸。……三十一年始停鑄。[129]

「臺」字康熙通寶開爐鼓鑄時間明確，且晚於內地各省鑄錢，有助於水交社墓葬
相對年代的判定。

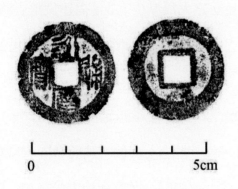

圖 7-6- 1：台南南郊明鄭墓葬出土
「永曆通寶」銅錢

圖 7-6- 2：福建東山島沈船
出水篆體「永曆通寶」銅錢

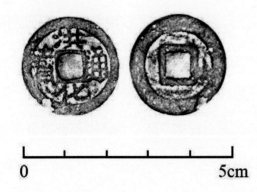

圖 7-6- 3：台南府城舊藏「洪化通寶」銅錢

---

[129] 連橫，《臺灣通史》，頁 207。

七、水交社墓葬群出土玉石文物

　　水交社墓葬群所出土玉石文物包含飾品、石碑等，飾品類以編號ST-0001玉質荷包束片為代表。對於本類玉器之年代、屬性與功能，過去少有深入討論。現就相關出土品與傳世文物觀之，知其頗有一定數量，可資進一步比對分析。臺灣所見本類玉器年代最早者，為台南市南郊出土明鄭時期「許申墓」，為白玉包金荷包玉束，長2.5公分，厚0.33公分。兩側穿孔內壁以金片包覆，正面兩孔之間覆蓋鏤空金質羅錢紋（圖7-7-1），[130]做工極為精緻。前彰化縣八卦山舊墓地出土者（圖7-7-2），[131]素面無紋，寬度與厚度略有差異，質地亦分白玉、青玉二種。國立歷史博物館所藏傳世玉器中，可見兩件玉束，編號71-00446玉束（圖7-7-3），長3.5 cm，素面無紋，玉質為白色夾雜棕色、灰色斑痕。[132]編號71-00446玉束（圖7-7-4），長5.8 cm，器表有卷雲狀淺浮雕，但紋飾內容不明，似乎為舊玉改雕之物，玉質為白色夾雜少量棕色斑痕。[133]此類扁長方形玉片，中開二孔，功能為繡包、錦袋類織品上之束具，器身二孔為穿繫絲繩之用，做為束緊袋口之配件。目前所見相關傳世臺灣漢人傳統織品實物中，有做為收存貨幣雜物之荷包者（圖7-7-5.1），[134]亦有裝盛菸草之煙草袋（圖7-7-5.2、5.3）。[135]水交社墓葬出土玉束，見於A-B9墓人骨右側腰部，玉束下方可見成疊銅錢，而A-B53墓之玉束出土現象亦大致相同。所出成疊銅錢表面尚見織品殘跡（圖7-7-6），可見二墓墓主腰際原先應配掛荷包。綜上所述，本類玉束長度約在2至6公分左右，不僅為明鄭至清代台灣漢人生活日用之物，同時也被置於墓中陪葬，反映了當時漢人喪葬禮俗。至於大陸地區明清墓葬出土同類案例，可見江蘇江陰明墓出土棉質錢袋及「墨

---

[130] 盧泰康，〈臺南地區明鄭時期墓葬出土文物〉，頁115。
[131] 李俊德編，《八卦山史跡文物展圖錄》，頁62。
[132] 國立歷史博物館編輯委員會編，《國立歷史博物館典藏文物篇(一)》，臺北：國立歷史博物館，1998年，頁189。
[133] 國立歷史博物館編輯委員會編，《國立歷史博物館典藏文物篇(一)》，頁215。
[134] 何兆華，《高雄史博館典藏專輯漢人織品服飾篇》，高雄：高雄市歷史博物館，2004年，頁211。
[135] 國立歷史博物館編輯委員會編，《國立歷史博物館典藏文物篇(一)》，頁319、320。

石」束片（圖 7-7-7），[136]此墨石束片同樣爲長方形，開孔位置與台灣出土者不同，雙孔穿鑿於長邊側面，但功能同樣爲穿繫絲繩，用來束緊袋口之物。

本次水交社墓葬群搶救工作共收回石碑二方。分別爲「黃界」碑、「黃烈女坟界」碑，二件皆應屬墓塋周邊界碑。至於第陸章第三節所列舉七方未取回石碑影像，皆爲墓碑，其中有兩方年代明確，分別爲「法石 黃公成富墓」碑（嘉慶庚申年；1800AD），以及「澄邑 陳公君煌墓」碑（乾隆庚辰年；1760AD）。七方墓碑碑額皆刻籍貫而非朝號，碑面中行亦未有題刻朝號者，因此可認定其餘五方皆非明朝或明鄭時期墓碑，而應全屬清代墓碑。[137]七方墓碑碑額所列墓主籍貫地名，包含海澄、澄邑、月港、銅山、漸山、法石、廈門共七處。其中澄邑、月港地名同指海澄縣，即今日之龍海市，銅山爲今日之東山縣。閩南地區地名稱「漸山」者有二，一位於漳州韶安縣；另一位於漳州海澄縣西南（圖 7-7-8），今日龍海市東泗鄉，又稱「己山」。

以上七方墓碑所載地名皆位於閩南地區，五處屬漳州，二處屬泉州，而各地名中以「月港」最爲特殊（圖 7-7-9）。「月港」之名，可上溯至明代後期，爲漳州海澄設縣以前之舊稱。明朝自國初以降即有海禁之令，嚴禁民間交通海外，到了明代後期，海防逐漸鬆懈，沿海各地犯禁從事貿易者日益增加，而位於閩南漳州九龍江口的月港，外通海潮，內接淡水，地勢條件優越，遂發展成爲當時非法海商聚集之地。據十七世紀前半成書之《海澄縣志》所言：

> 海澄縣在漳東南，距郡五十里，本龍溪八、九都地也，舊名月港，唐宋以來，爲海濱一大聚落。至明生齒益繁，正德間，豪民私造巨舶，揚帆他國以與夷市，久之誘寇內閧，所司法繩不能止。[138]

儘管海禁未開，月港對外貿易的繁榮發展，已是不爭事實，嘉靖年間督管浙、閩沿海軍務的巡海重臣朱紈，亦特別提及此一迅速發展的海貿城市：

> 負山枕海，民居數萬家，方物之珍，家貯戶峙。而東連日本，西接暹球，

---

[136] 江陰博物館，〈江蘇江陰叶家宕明墓發掘簡報〉，《文物》，2009 年 8 期，頁 30-45。
[137] 台灣所明代墓碑上題刻籍貫者僅達一成半左右，且同時幾乎皆有兼題明朝國號。此一現象可能與鄭氏父子矢志效忠明室，不復以家鄉爲念，恐地域觀念會削弱反清復明之意志，引見石萬壽，〈記新出土的明墓碑〉，《臺灣文獻》，第 26 卷 1 期，1975 年，頁 46。
[138] （明）梁兆陽，《海澄縣志》「卷之一 建置沿革」，中央研究院傅斯年圖書館藏崇禎六年刊本，頁 1-2。

南通佛朗、彭亨諸國。其民無不曳繡躡珠者，蓋閩南一大都會也。[139]

月港的發展受到官方的持續注意，曾多次討論設縣治管理之事，最後在嘉靖四十四年（西元 1566 年）明朝政府終於決定設縣於此，定名海澄縣。隨後隆慶元年（西元 1567 年）海澄開禁，准販東西二洋，此地正式成為官方認可之中國對外貿易要港。

臺南水交社所出「月港 張公」墓碑，應為清領時期之物，碑文提記干支為丁亥年，若以嘉靖四十四年月港更名算起，至西元 1684 年明鄭降清以後，干支紀年遇首丁亥年（西元 1707 年）為止，已過一百四十餘年，可知清代移居台灣之漳州海澄移民，仍然保有原鄉百餘年前明代「月港」之舊稱，實屬首次出土之新例。

圖 7-7-1：台南市明鄭時期「許申墓」出土的
白玉包金荷包玉束

圖 7-7-2：彰化八卦山舊墓地出土的
素面玉束

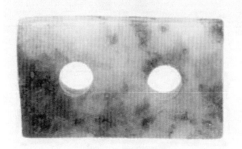

圖 7-7-3：國立歷史博物館所藏的玉束
（傳世品）

圖 7-7-4：國立歷史博物館所藏的玉束
（傳世品）

---

[139]（明）朱紈，〈增設縣治以安地方事〉，收於《甓餘雜集》卷之三，（《四庫全書存目叢書》集部第七八冊，臺北：莊嚴文化事業有限公司，1997 年，頁 57。

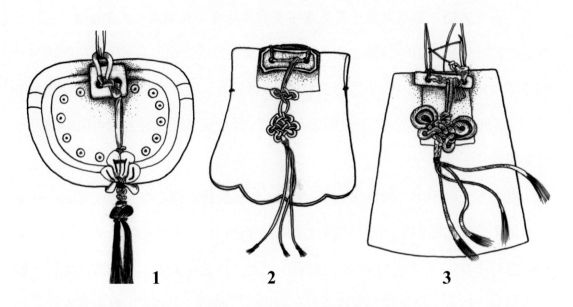

圖 7-7- 5：傳世臺灣漢人傳統織品

圖 7-7- 6：A-B9 墓人骨右側腰部所出銅錢
表面的織品殘跡

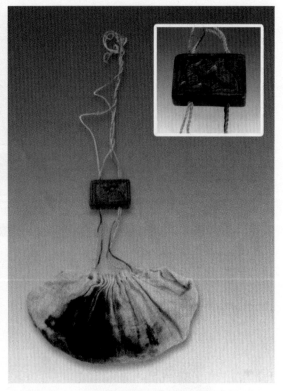

圖 7-7- 7：江蘇江陰明墓出土棉質錢袋及
「墨石」束片

圖 7-7-8：海澄縣與漸山的位置關係圖

圖 7-7-9：臺南水交社所出「月港 張公」墓碑

八、體質人類學觀察與認識（本節由邱鴻霖博士撰寫）

由於過去與現代的盜掘、現代工程擾動，水交社遺址出土漢人三合土墓葬中的人骨保存狀況不佳，大多數難以進行體質測量分析，出土人骨的墓葬之中僅兩具保存狀況尚可。雖無從獲得體質測量數據，但是從人骨的埋葬姿勢、出土脈絡與體質人類學觀察可以得到以下幾個要點：

1. 從人骨的姿勢得知，常見葬具(棺木)的尺寸與死者體型、身高並不相符的現象，其中以上肢受擠壓，甚至下肢之足部遭強迫反折的狀況最爲常見；如SJS-A-B15。

2. 死者椎骨常見錯移、彎曲呈 S 形；從椎骨體之水平側面觀察，並非椎骨變形性病變所造成，死者可能於死後一段時間才入殮(舉行儀式，遺體已過僵直期而進入腐壞期，韌帶肌肉較易鬆脫造成錯移，因此可能爲入殮時移動遺體所致。

3. SJS-A-B15 體質形態特殊，椎骨、肢骨關節病變，與一般男性成年個體相較，其骨架極爲粗壯，可能爲內分泌異常所致。

4. SJS-A-B59 與 B15 個體嚴重病變，推測爲梅毒與結核病所致，顯示當時已有類似的風土流行病出現漢人社會中。這類疾病相當少見於台灣史前時代遺址出土人骨，顯見漢人移民可能爲這類疾病的引入來源。

5. 經常可見齒牙琺瑯質減形成的案例，表現個體幼年期成長壓力，因素可能包括營養狀況不佳或疾病。

6. 由於出土可明確判定性別與死亡年齡之個體數過少，陪葬品與性別間的關係則有待進一步累積相關資料。

捌、後記

　　台南市水交社重劃區清代墓葬群，自年初發現至今，不及一年。但從引發社會大眾的關注，到地方與中央政府相關單位因此遭受斥責，其過程有如政治事件般造成了不小的震撼。國立台南藝術大學藝術史學系的工作團隊，在系主任黃翠梅教授的全力支持下，得以有機會接觸到進行部份搶救和收集考古出土材料的機會。雖然原先預期能夠獲得台南市政府的委託，負責所有工程作業可能影響遺址地層中的文化物質堆積，以及墓葬分布範圍的搶救工作，無奈事與願違。其中因素錯綜複雜，亦耐人尋味。但工作團隊始終秉持著學術倫理與道德的態度和操守，在時間倉促和經費極端拮据的環境下完成本報告。報告中極盡完整地將台南市水交社重劃區蒐集得的資料，整理分析如各章節所述。本章擬藉由後記，一方面歸納若干有關水交社重劃區清代墓葬群具體的認識與理解；一方面對類似因工程開發所遇到文化資產維護的問題，表達幾點意見。

一、認識與理解

　　根據當時工程作業揭露水交社重劃區內地層堆積中的墓葬分佈，經過搶救考古發掘和蒐集的資料整理，對該批墓葬群的認識和理解，可分為下列數項：

（一）、有關水交社重劃區內的清代古墓群，經由文獻史料紀錄之資料顯示，水交社重劃區所在位置，應在清代晚期台灣縣仁和里桶盤淺庄西側，延伸至新昌里鹽埕庄東側地區，依台灣堡圖繪製的土地利用型態來觀察，此地附近原屬當時聚落集中堆埋墓葬區的所在。

（二）、水交社重劃區清代墓葬群，本次調查研究共蒐集得 36 座墓葬，其中包括24 座經搶救發掘，12 座僅測繪外槨形制，未能進一步清理墓葬中遺留。

（三）、該批墓葬之年代，若以伴隨銅錢的鑄造和流行年代推斷，最早可上溯至17 世紀中葉明鄭時期之起始，晚至 20 世紀前半。屬漢人墓葬構築工法與

葬法，豎穴土坑，外槨爲三合土澆漿塡築，木質內棺，仰身直肢葬姿爲主，
墓主頭向以朝東和東北爲主。

（四）、墓葬伴隨之明器，陶瓷類者包括高溫瓷器、高溫硬陶及低溫紅陶三類，
陶瓷產地以福建南部地區爲主；金屬器類，多以銅質裝飾品爲主，包括有
髮髻、髮冠、戒環、耳墜、銅鏡和銅扣等。伴隨錢幣以宋代、晚明、南明
與三藩、清代各朝者爲多數，亦見外國錢幣。玉石文物則包含飾品和石碑
等。

（五）、由於工程作業的擾亂或毀損，墓葬中的人骨保存狀況不甚理想，但可觀
察得若干病變與營養不良者之徵兆，詳細相關體質量測和觀察紀錄，將專
文探討。

（六）、總結各種現象顯示，目前水交社重劃區內所發現之墓葬群，係屬早期墓
葬分布區之局部，其他地區的墓葬分布可能還留存在地層中，但也可能已
隨著都市開發的規劃，因各項工程開發作業的進行遭受破壞和擾亂。

二、文化資產維護與都市計劃開發

台灣地區的文化資產，不論是史前的或是歷史時期的，大部份都是埋藏在地
層中或堆積在地表上。沒有經過考古學研究田野的處理，早期人類文化行爲活動
的實際情形是無法輕易地被社會大眾瞭解。生活在這一片土地上，對過去人類活
動發展的認識絕對是有必要的；那麼，我們就不應該放棄可能遺留在任何一地點
的文化資產。所以，當經濟發展準備在一地區經營大規模工程建設時，就必須要
進行古代文化資產遺留的調查評估工作。如此一來，不僅避免早期文化遺留遭受
工程建設無心的破壞；最主要的，對可能存在的文化資產能適時發現即早尋求因
應對策。

長久以來，搶救考古(Salvage archaeology)的工作並無法真正滿足維護古代
文化資產的要求；從另一角度來看搶救考古，卻也不過是避免徹底被破壞的"因
應"手段罷了。綜觀台灣地區近年來蓬勃發展中對有關文化資產維護的吶喊；充

分地顯示，台灣地區文化資產的維護與工程建設的開發不時相互抵觸，背道而馳。然而，最關鍵的概念是在工程建設的規劃階段之時，就需事先防範於未然，進行有關文化資產的調查評估工作，讓可能存在的文化遺留經過系統性的考古田野調查及時發現，避免日後遭受工程建設的損毀和破壞；相對的，若干重要的發現仍然須要按部就班地處理，這樣一來，不免耽誤了預定的工程進度。

三、水交社重劃區的開發與文化資產的保存

　　有關文化資產維護的意義，張光直先生這麼說過：沒有對自己過去文化遺產重視的社會是很空虛的；值得保存的一定要保存下來，沒有保存必要的，一定要記錄。根據臺灣歷史時代和史前時代的了解，決定哪個遺址應該記錄？哪個遺址應該保存？（張光直 1987）換句話說，維護的意義並非是原封不動的把整個地點、地區或遺物保留下來。最主要的用意是把過去人類文化行爲活動的遺留資料確實地記錄保存起來，以便考古學家日後拿來說明和解釋過去人類活動的歷程；延續或衰竭現象的證據。

　　水交社重劃區墓葬群的出現，就現有的考古學研究資料來看，屬漢人大量移墾台灣地區之後的墓葬遺址和文化遺留。直到目前，鄰近地區或有發現類似的墓葬群文化遺留，但實際的文化內容卻未曾有深入的瞭解。是否因此而有必要將水交社重劃區的開發規劃予以停頓，將整個遺址地區保留其原有的生態環境和地層堆積。事實上，這種策略絕不能以單一要素來定奪。從文化資產的維護立場來說，無論地方政府，抑或社會大眾都不願意看到因不適當的開發而讓水交社重劃區的文化遺留受到破壞。而且從台南市的整體開發來論，水交社重劃區的開發也許說不上勢在必行。但絕不能夠以希望保留，便就毫不思考地留存下來。在這種情況之下，我們認爲有必要配合都市開發的建立進行周邊地區整體的規劃；留存下來的配套設計可有什麼作法？最重要的觀念，是"史蹟"不能是"死蹟"；不能因此而阻礙了地區的經濟開發。維護文化資產不能只有熱忱，智慧和理性必須兼而有之。

參考書目

一、古籍

（明）朱紈

  1997 〈增設縣治以安地方事〉，收於《餘甓雜集》卷三，（《四庫全書存目叢書》集部第七八冊，臺北：莊嚴文化事業有限公司。

（明）宋應星

  1955 《天工開物》，臺北：中華叢書委員會。

（明）梁兆陽

  《海澄縣志》，中央研究院傅斯年圖書館藏崇禎六年刊本。

（清）江日昇

  1995 《臺灣外記》，南投：臺灣省文獻委員會。

  1984 《臺灣外記》，臺北：臺灣大通書局。

（清）余文儀

  1984 《續修臺灣府志》，臺北：大通書局。

（清）范咸

  1984 《重修臺灣府志》」，臺北：大通書局。

（清）倪模

  1992 《古今錢略》，上海：上海古籍。

（清）高拱乾

  1984 《臺灣府志》，臺北：大通書局。

（清）莊成

  1967 《安溪縣誌》（乾隆二十二年重修），臺北：臺北市安溪同鄉會。

（清）陳文達

  1958 《臺灣縣志》，南投：臺灣省文獻會。

（清）陳壽祺

  2007 《道光福建通志臺灣府（上）》，臺北：文建會。

（清）劉良璧

  1977 《重修台灣府志》，臺中：臺灣省文獻委員會。

（清）蔣元樞

  1984 《建設義塚殯舍碑記》，收於（清）謝金鑾、鄭兼才，《續修臺灣縣志》

  2007 《重修臺郡各建築圖說》，臺北：國立故宮博物院。

（清）蔣毓英

  1984 《臺灣府志》，收於《臺灣府志三種》，北京：中華書局。

（清）謝金鑾、鄭兼才

  1984 《續修臺灣縣志》，臺北：大通書局。

未標撰人

1984　《臺灣府輿圖纂要》，臺北：大通書局。

未標撰人

1984　《福建省例（上冊）》，臺灣：大通書局。

二、中文專書

丁福寶

1994　《歷代古錢圖說》，上海：上海書店。

大日本帝國陸地測量部、台灣總督府民政部警察本署（1938）

2007　《日治時期五萬分一臺灣地形圖新解》，臺北：上河文化。

石暘睢

1995　〈台南郊外墓地考〉，《民俗臺灣（第五輯）》，臺北：武陵出版社。

伊能嘉矩（1928），江慶林等譯

1991　《臺灣文化志　中卷》，臺中：臺灣省文獻委員會。

朱戎梅主編

2008　《水交社－懷念的眷村》，出版：朱戎梅。

安徽省文物考古研究所、六安市文物局編

2008　《六安出土銅鏡》，北京：文物出版社。

行政院客家委員會編著

2007　《客家衣展風華》，臺北：行政院客家委員會。

何兆華

2004　《高雄史博館典藏專輯漢人織品服飾篇》，高雄：高雄市歷史博物館。

何傳坤、劉克竑

2004　《板頭村遺址標本圖鑑：清代諸羅縣笨港縣丞署出土遺物》，臺中市：
　　　自然科學博物館。

2007　〈古笨港遺址出土銅錢之研究〉，《海域物質文化交流：十六至十八世紀
　　　歐洲與亞洲東南亞的文化互動」國際研討會》，臺北：中央研究院歷史
　　　語言研究所、中央研究院人社中心考古學研究專題中心。

何傳坤、劉克竑、陳浩維

1999　《嘉義縣新港鄉板頭村遺址考古試掘報告》，財團法人新港文教基金會。

余家棟

1997　《江西陶瓷史》，開封：河南大學出版社。

余繼明

2000　《中國收藏鑑賞叢書：中國銅鏡圖鑑》，浙江：浙江大學出版社。

吳其生

2005　《中國福建古窯址標本大系－南靖窯》，福州：福建美術出版社。

吳其生、李和安

2005　《中國福建股陶瓷標本大系－華安窯》，福州：福建美術出版社。

李匡悌

2005 《三舍暨社內遺址受相關水利工程影響範圍搶救考古發掘工作計劃期末報告》，臺北：中央研究院歷史語言研究所。

2004 《靈魂與歷史的脈動－論國立清華大學仙宮校區的墓葬形制和重要出土文物》，新竹：國立清華大學。

李俊德編

1999 《八卦山史跡文物展圖錄》，彰化：彰化縣立文化中心。

李景康、張虹

1981 《陽羨砂壺圖攷》，轉引自謝瑞華，〈宜興壺的造型與紋飾〉，收於《宜興陶藝》，香港：香港市政局。

杵淵義房（1940）

1991 《台灣社會事業史》，臺北：南天出版社。

洪英聖

2002 《畫說乾隆台灣輿圖》，臺北：聯經出版社。

香港文化博物館編

2000 《香港大埔碗窯青花瓷窯址－發掘與研究》，香港：香港文化博物館。

唐與昆

1994 《制錢通考》，北京：中央民族大學出版社。

馬齊等

1985 《清實錄 聖祖實錄（二）》，卷一四〇，北京：中華書局。

國立歷史博物館編輯委員會

2001 《澎湖將軍一號沉船水下考古展專輯》，臺北：國立歷史博物館。

國立歷史博物館編輯委員會編

1998 《國立歷史博物館典藏文物篇(一)》，臺北：國立歷史博物館。

國立歷史博物館編輯委員會編輯

2000 《苧彩流霞－臺灣原住民衣飾文化特展》，臺北：國立歷史博物館。

許丙丁

1967 〈六十年來五妃墓道的變遷及其近代人題詩〉，《明寧靖王五妃紀念特刊》，臺南：明寧靖王五妃廟管理委員會。

許淑娟

1996 《臺灣地名辭書 卷21－台南市》，南投：台灣省文獻會。

2005 〈從地名解讀台南市的區域特色〉，《第一屆地名學術研討會論文集》，臺北：內政部。

連橫

1979 《臺灣通史》，臺北：眾文圖書公司。

陳正雄

2008 《清代宮廷服飾》，臺北：國立歷史博物館。

陳有貝

2005 　《南科國小北側坐駕排水滯洪池工程文化遺址搶救計畫報書》，委託單位：台南縣政府，執行單位：國立台灣大學人類學系。

陳有貝、邱水金

2008 　《淇武蘭遺址搶救發掘報告 4.5.6》，宜蘭：宜蘭縣立蘭陽博物館。

陳建中

1999 　《德化民窯青花》，北京：文物出版社。

傅朝卿、劉益昌等

2003 　《第一級古蹟台灣城殘跡（原熱蘭遮城）城址初步研究計畫成果報告書》，臺南：臺南市政府。

曾凡

2001 　《福建陶瓷考古概論》，福州：福建省地圖出版社。

順益台灣原住民博物館

1998 　《「歷史中的平埔族」特展》專刊，台北：順益台灣原住民博物館。

黃典權

1968 　《蔣鳳墓誌銘研究》，臺北：中華叢書編審委員會。

黃翠梅、李匡悌、盧泰康

2006 　《臺南縣歸仁鄉歸仁窯遺址第二期學術調查與研究計劃》，委託單位：臺南縣文化局，執行單位：國立臺南藝術大學藝術史學系

2008 　《十三窯傳奇－歸仁窯考古與研究成果集》，台南：國立臺南藝術大學藝術史學系。

楊雲萍

1993 　《南明研究與臺灣文化》，臺北：臺灣風物雜誌社。

福建省博物館

1997 　《漳州窯》，福州：福建人民出版社。

福建省錢幣學會編著

2001 　《福建貨幣史略》，北京：中華書局。

臧振華、高有德、劉益昌

1993 　〈左營清代鳳山縣舊城聚落的試掘〉，《中央研究院歷史語言研究所集刊》，第六十四本第三分。

臺灣總督府臨時土地調查局

1907 　《臺灣堡圖》，臺北：遠流出版社（1996 年複印）。

蔡承祐主編

2001 　《笨港出土文物》，雲林：雲林縣笨港合和民俗發展協會。

盧泰康

2001 　「雲林縣北港鎮朝天宮出土陶瓷器專題研究計畫」整理資料，未刊稿。

2008 　〈臺南地區明鄭時期墓葬出土文物〉，《美術考古與文化資產－以台灣地區學者的論述爲中心》，上海：上海大學出版社。

2009 　《府城登錄古文物研究計畫－明鄭時期文物清查與分級建議期末報

告》，委託單位：臺南市政府文化觀光處，執行單位：國立臺南藝術大學藝術史學系。

2009　〈臺澎地區出土十七世紀漳州窯青花瓷〉，《陳昌蔚紀念論文集》，臺北：財團法人陳昌蔚文教基金會。

三、中文期刊

王文徑

2004　〈閩南茶俗與紫砂壺（上）〉，《典藏 古美術》，第 138 期。

2004　〈閩南茶俗與紫砂壺（下）〉，《典藏 古美術》，第 139 期。

2007　〈閩南明清葬俗和紫砂壺〉，《東南文化》，2007 增刊。

王京良

1961　〈鄭氏時代台灣貨幣流通之探討及考正〉，《台灣銀行季刊》，第 12 期。

石萬壽

1975　〈記新出土的明墓碑〉，《臺灣文獻》，第 26 卷 1 期。

朱鋒

1953　〈臺灣的明墓雜考〉，《台南文化》，第 3 卷 2 期。

江陰博物館

2009　〈江蘇江陰叶家宕明墓發掘簡報〉，《文物》，第 8 期。

林淑心

2002　〈澎湖「將軍一號」古沉船出水文物探析〉，《歷史月刊》，第 2 期。

林焘、葉文程、唐杏煌、羅立華

1993　〈福建華安下東溪頭窯址調查簡報〉，《東南文化》，第 1 期。

栗建安

1993　〈東溪窯調查紀略〉，《福建文博》，第 1-2 期。

張浦生

1989　〈介紹一批墓葬出土明清宜興紫砂茗壺資料〉，《故宮文物月刊》，第 16 卷 2 期，總 182 期。

陳立群

2001　〈東山島多古沉船遺址初探〉，《福建文博》，第 1 期，總 39 期。

廖漢臣

1955　〈台灣明墓雜考〉，《台灣文獻》，第 6 卷 2 期。

盧泰康

2005　《臺灣傳統白糖製造技術與其關鍵陶質工具》，《成大歷史學報》，第 28 期。

謝明良

2002　〈記澎湖將軍一號沉船中的陶瓷〉，《故宮文物月刊》，第 19 卷 10 期。

2002　〈對於嘉義縣新港鄉板頭村遺址出土陶瓷年代的一點意見〉，《臺灣史研究》，第 9 卷 2 期。

楊少祥
　1990　〈廣東青花瓷初探〉，收於Ho Chuimei ed., <u>Ancient Ceramic Kiln</u>
　　　　<u>Technology in Asia</u> (Hong Kong: Center of Asian Studies, University of
　　　　Hong Kong, 1990,).

葉清琳
　1990　〈安溪青花瓷器的初步研究〉，收於Ho Chuimei ed., <u>Ancient Ceramic Kiln</u>
　　　　<u>Technology in Asia</u> (Hong Kong: Center of Asian Studies, University of
　　　　Hong Kong, 1990)

四、英日文獻

天理大学編集
　1993　《天理大学附属天理参考館所蔵：台湾原住民の服飾》，東京都：天理
　　　　道教友社。

Christiaan J. A. Jörg & Michael Flecker
　2001　*Porcelain from the Vung Tau Wreck*, UK: Sun Tree Publishing.

Christie's
　1995　*The Diana Cargo: Chinese Export Porcelain and Marine Artefacts* ,
　　　　Auction catalogue, Amsterdam: Christie's Amsterdam B.V.

Nagel Auctions
　2000　*Tek Sing Treasures*, Stuttgart, Germany: Nagel Auctions

Sheaf, Colin & Richard Kilburn.
　1988　*The Hatcher Porcelain Cargoes* ,Oxford: Phaidon, Christie's Ltd.

五、碩博士論文

王新衡
　2003　《台灣傳統磚砌建築灰縫材料特性之研究》，國立雲林科技大學文化資
　　　　產維護研究所碩士論文，雲林：國立雲林科技大學。

周志明
　2002　《台灣傳統砌體建築「灰縫」之基礎研究》，國立雲林科技大學文化資
　　　　產維護研究所碩士論文，雲林：國立雲林科技大學。

盧泰康
　2006　《十七世紀臺灣外來陶瓷研究－透過陶瓷探索明末清初的臺灣》，國立
　　　　成功大學歷史學研究所博士論文，臺南：國立成功大學。

國家圖書館出版品預行編目資料

發現臺南水交社前清墓葬群 / 盧泰康，李匡悌
作. -- 初版. -- 臺南縣官田鄉 ： 臺南藝術
大學藝史系 ； 臺南市 ： 南市文化觀光處，
2009.11
　面 ；　公分
參考書目：面
ISBN 978-986-02-1006-4（平裝）

1.古墓 2.古物 3.清領時期 4.臺南市

798.8233　　　　　　　　　　　98021958

發現臺南水交社前清墓葬群

發行人：李肇修、許添財
作者：盧泰康、李匡悌
執行編輯：秦孝榮
出版：國立臺南藝術大學藝術史學系
　　　國立臺南藝術大學文博學院
　　　地址：臺南縣官田鄉大崎村 66 號
　　　電話：(06) 693-0632
　　　傳真：(06) 693-0631
　　　網址 :http://www.tnnua.edu.tw
　　　臺南市政府文化觀光處
　　　地址：臺南市永華路二段 6 號 市政府大樓 13 樓
　　　電話：(06) 299-1111
　　　網址：http://newculture.tncg.gov.tw
承印：聯吉文書有限公司
版次：初版
ISBN：978-986-02-1006-4
GPN：1009803550
出版日期：2009 年 11 月
定價：新台幣　500　元